LES
MYSTÈRES
DU
PALAIS-ROYAL

PAR

SIR PAUL ROBERT.

TOME DEUXIÈME.

PARIS,

BAUDOUIN, IMPRIMEUR, | LE CLÈRE, LIBRAIRE-ÉDIT.,
Rue des Bouch.-St.-G., 38. | Rue des Grands-Augustins, 1.

1845.

LES
MYSTÈRES,
DU
PALAIS-ROYAL,

Imp. de P. Baudouin, r. des Bouch. St-G., 38.

LES
MYSTÈRES
DU
PALAIS-ROYAL,

PAR

SIR PAUL ROBERT.

TOME DEUXIÈME.

PARIS,

BAUDOUIN, IMPRIMEUR, | LE CLÈRE, LIB.-ÉDIT.,
38, rue des Boucheries-St-Germ. | 1, rue des Grands-Augustins.

1845

I.

Séduction.

— Juliette, disait la marquise de Gastelar à sa femme de chambre, Juliette, vous mentez ! Je vous sais incapable de résister à la tentation... et d'ailleurs je vous ai vu sortir de la chambre de notre nouvel hôte.

— Eh bien, madame la marquise, je l'avoue... mais ce n'est pas ma faute; c'est docteur qui l'a voulu.

— Quel nouveau conte me faites-vous là ?

— Oh ! cette fois, madame la marquise, je dis l'exacte vérité : il fallait tailler des compresses de linge de toutes sortes, et ce n'était ni Henri, votre valet de pied, que l'on a installé près du blessé, ni Jean, votre cocher, ni le concierge, ni le jardinier qui pouvaient se charger de cela. — Il n'y a donc pas de femme ici ? s'est écrié le médecin, impatienté de la maladresse de Henri. Il n'y a que madame la marquise et sa femme de chambre. — Eh bien ! a-t-il répliqué, que l'on aille chercher l'une ou l'autre.

— L'insolent !

— Je ne pouvais souffrir que l'on allât chercher madame la marquise, et je me suis mise à la disposition de ce terrible docteur auquel on ne peut résister quand on l'a entendu.

— C'est cela, vous vous êtes dévouée. Mais pourquoi avoir menti ?

— C'est que madame la marquise avait l'air si fâché...

— Et ce n'était pas sans raison. Je vous avais recommandé la plus grande réserve envers les étrangers que les graves circonstances de ce moment peuvent nous obliger à recevoir, et voilà ce jeune officier à peine arrivé que vous allez lui faire visite... Voyons, puisque le mal est fait, il servira au moins à quelque chose ; vous pourrez me dire quel est ce personnage.

— Oh ! oui, madame la marquise : c'est un beau jeune homme brun qui a le regard doux comme celui d'une jeune fille... Il est bien pâle, et ça se conçoit, car il a au côté droit une blessure large comme la main, et une autre à la tête qui est plus grave encore... Il faut qu'il se soit bien battu, car son habit est percé, déchiré de tous côtés, ses épaulettes sont noircies et sentent la poudre, et sa croix d'honneur est coupée en deux d'un coup de sabre...

— Oh! oh! il paraît, mademoiselle, que vous n'avez pas perdu votre temps; vous avez vu tout cela en coupant des bandes?

— C'est que... il m'a fallu aussi les placer... Le docteur prétend que Henri n'a pas la main assez légère.

— Et ce beau blessé ne parle donc pas?

— Oh! pardonnez-moi, il m'a bien remercié, puis il a dit : — Je ne sais à qui je dois la généreuse hospitalité que l'on m'accorde ici; je ne sais s'il me sera possible de faire entendre à mes hôtes l'expression de ma reconnaissance. Veuillez donc, docteur, et vous, mademoiselle, être mes interprètes près des généreux maîtres de cette maison.

— Il a dit cela ?

— Oui, madame la marquise, et c'était trop ; il a failli s'évanouir après avoir prononcé la dernière parole, et le médecin, après l'avoir grondé, lui a défendu de proférer un mot... souffrir et se taire...

— C'est trop de moitié, n'est-ce pas ?

— Madame la marquise...

— Je te pardonne, Juliette. Eh ! mon Dieu ! l'occasion, la curiosité, la solitude sont de si puissants provocateurs !... Mais, mademoiselle, il ne faut pas que cela aille plus loin.

— Pauvre jeune homme ! qui donc le pansera?

— Ce ne sera pas toi, Juliette... il ne faut pas que ce soit toi.

— Mais le docteur assure que le concours d'une femme lui est nécessaire... madame la marquise prendra donc la peine...

— Pourquoi non? Pensez-vous, mademoiselle, que les devoirs de l'hospitalité me soient étrangers? Que cela ne vous inquiète donc pas, et ayez soin de faire avertir le docteur, dès qu'il paraîtra, que je désire le voir.

Au moment où madame de Gastelar achevait de donner cet ordre, Henri vint annoncer que le médecin entrait dans la cour du château et allait mettre pied à terre. C'était un vieillard de soixante-cinq ans environ, presque entièrement chauve; mais qui, sous ses sourcils gris, avait conservé des prunelles ardentes, et qui semblaient lire jusque dans les plus profonds replis du cœur de la personne qu'il examinait ; sa taille était moyenne ; il avait les épaules larges, la démarche vive et assurée, et l'ensemble de sa physionomie annonçait en lui le sentiment d'une supériorité qu'il ne voulait pas dissimuler.

— Je sais bien, madame, dit-il en entrant dans le salon où l'attendait la marquise, je sais bien que j'ai manqué aux lois de la politesse ; mais cela vient de ce que ceux de l'humanité me paraissent plus sacrés.

— Oh ! nous savons, répondit madame de Gastelar, que vous êtes un terrible homme, faisant fort peu de cas des gens qui se portent bien ; mais l'excuse vous manque ici, car je suis malade.

— Vous, belle dame ? demande le docteur en attachant son regard perçant sur les yeux noirs et scintillants de la marquise ; vous êtes malade ?... En effet, reprit-il après quelques instants de silence, il y a en vous quelque chose d'exubérant...

— C'est donc une exubérance d'ennui ; car l'ennui me dévore... mais c'est un mal que vous ne pouvez connaître, mon cher monsieur Brimont, et contre lequel la science est impuissante.

— La science est toute-puissante, madame ; mais par malheur elle ne nous a pas dit son dernier mot... Pardon, j'ai à Fontainebleau trois cents blessés qui m'attendent, et le mal de ces braves gens a une cause plus sérieuse que l'ennui.

— Oh ! méchant ! comme vous me faites beau jeu pour que je me fâche... Eh bien ! non, monsieur l'Esculape, je ne me fâcherai pas, et au contraire je vous seconderai de toutes mes forces ici... Vous voudrez donc bien m'annoncer à mon hôte que je n'ai pas encore eu l'honneur de voir.

— Je suis à vos ordres, madame.

Et tous deux se dirigèrent aussitôt vers la chambre d'Adrien.

— Monsieur, dit le médecin en entrant, j'ai l'honneur de vous présenter une charmante consolatrice, madame de Gastelar, dont vous êtes le pensionnaire.

Adrien fit un effort pour se soulever, et ses regards rencontrèrent presque aussitôt ceux de la marquise qui, mollement penchée en avant, s'avançait sur la pointe du pied.

— Madame, dit-il d'une voix quelque peu tremblante, il y a dans mon installation ici quelque chose que je n'ai pas bien compris, et dont j'éprouve le besoin de vous demander pardon.

— C'est pourtant chose toute simple, monsieur, répondit la marquise; le château de Souvrecœur est un asile toujours ouvert à l'infortune.

— C'est qu'en vérité ma situation est étrange, reprit Adrien; me voici en France, chez de bons Français, je n'en saurais douter, et pourtant je suis prisonnier...

— Hein? fit le docteur en fronçant ses sourcils, prisonnier!...prisonnier de qui?...

— Ah! docteur, dit la marquise en accompagnant ses paroles de son plus gracieux sourire, vous voulez nous faire une querelle de mots; mais, pour mon compte, je ne l'accepte pas...

Puis, s'avançant doucement vers le lit du blessé, elle ajouta :

— Voyons, monsieur, vous êtes mon prisonnier à moi; vous m'appartiendrez corps et âme jusqu'à votre guérison... Le docteur pourra seul lever votre écrou..... Cela vous paraît donc bien effrayant?

— Ah! madame, c'est votre esclave soumis que je veux être... Mais je voudrais savoir...

— Nous répondrons à toutes vos questions, monsieur, interrompit madame de Gastelar, mais avec la permission du docteur, s'il vous plaît. Jusqu'à ce qu'il l'ait donnée, nous serons sourde et muette, mais nous aurons cœur et âme à votre intention... Docteur, n'est-ce pas ainsi que vous l'entendez?

— J'entends, belle dame, que vous avez grande envie de m'enlever l'honneur de cette belle cure, afin de vous guérir vous-même de la maladie dont vous vous plaigniez tout-à-l'heure. C'est, par ma foi, fort ingénieux ; mais il ne faut pas aller trop vite.

Le malin docteur accompagna ces dernières paroles d'un sourire sarcastique et d'un regard perçant que la marquise essaya d'éviter en faisant encore un pas vers le lit du blessé.

— A l'œuvre donc, mon bel auxiliaire, reprit M. Brimont.

Il prit la main d'Adrien, compta ses pulsations, puis il examina les yeux, appuya légèrement l'oreille sur la poitrine du blessé, auquel il adressa ensuite quelques questions. Enfin, il leva l'appareil qui couvrait tout un côté de la tête du jeune homme, et madame de Gastelar, attentive au moindre signe, prépara de ses doigts mignons et effilés les linges nécessaires ; quelques secondes après, elle tremblait d'émotion en écartant les cheveux noirs du blessé des bords de la plaie ; un instant l'une de ses mains s'appuya sur le front d'Adrien, qui, ébloui, fasciné, saisit cette main par un mouvement imperceptible, la fit glisser sur son visage et l'appuya sur ses lèvres brûlantes.

— Celle-ci va bien ! dit le docteur tout entier en ce moment à l'examen de la blessure ; elle ne m'inquiète plus. A l'autre maintenant. Voyons, belle dame, nous avons encore ici besoin de vos jolies mains si légères..., mais, corbleu ! il ne faut pas trembler.

L'émotion de madame de Gastelar était telle, que le médecin eût pu entendre les battements de son cœur, s'il n'eût été entièrement absorbé, le digne homme, par la pensée que le coup de feu dont Adrien avait été atteint entre la cinquième et la sixième côtes droites, devait être presque nécessairement mortel. Bientôt, pourtant, son front se dérida ; un éclair de joie brilla sur son visage, lorsque la compresse enlevée permit de voir les bords rosés de la blessure tendant à se resserrer.

— Vrai Dieu ! s'écria-t-il avec enthousiasme, je reconnais là la main d'un prince de la science !..... C'est un Dieu, c'est le diable, ou c'est Larrey en personne qui le premier a mis le doigt là !

— C'est tout simplement, répondit Adrien, un pauvre curé de campagne, M. le curé de Marchais, qui a extrait la balle après avoir élargi l'ouverture, afin que le sang, trouvant une issue, ne m'étouffât point.

— Peste ! si les curés de campagne en sont là, nous ferons bien, nous autres, d'apprendre à dire la messe..... Toujours est-il que vous êtes sauvé !... Eh bien, belle dame, est ce la crainte de demeurer sans emploi qui vous émeut si fort ?... Oh ! rassurez-vous, la guérison est certaine, mais elle n'est pas accomplie; elle ne peut même s'accomplir sans votre aide : vous ferez seule désormais ce que nous faisons ensemble aujourd'hui. Tant pis pour vous, belle dame ! voilà ce que c'est que de se jeter tête baissée dans l'inconnu. Ah ! vous avez imaginé peut-être que c'était tout roses!... La leçon profitera, je l'espère... Eh bien! madame la marquise, ne voulez-vous pas préparer cette charpie?... Songez donc que vous allez opérer seule désormais, pendant quinze jours au moins ; peut-être plus; au point où en sont les choses, je ne saurais affirmer, mais j'ai la certitude que cela ira bien.

Il s'assit devant une table pour écrire ses prescriptions, pendant que madame de Gastelar recouvrait d'un mouchoir de soie les linges dont la tête d'Adrien était enveloppée.

— J'espère que vous voudrez bien dîner avec moi, docteur, dit-elle ensuite en s'approchant de la table.

— Non, belle dame; car si je dînais ici, il y a là-bas plus d'un pauvre diable qui irait souper dans l'autre monde. Mais vous pourrez bien ne pas manquer de convives, car l'empereur et son armée s'avancent, dit-on, à marches forcées pour secourir Paris, menacé par le prince de Schwartzemberg à la tête de deux cent mille hommes... Le temps n'est pas aux plaisirs, comme vous voyez.

Il acheva d'écrire, puis, se levant, il ajouta :

— Soyez assez bonne pour veiller à ce que ces prescriptions soient exactement suivies.

— J'y veillerai, docteur, soyez sans inquiétude sur ce point.

Elle allait ajouter quelque chose, mais déjà M. Brimont avait pris son chapeau, sa cravache; quelques secondes après, il enfourchait sa monture et piquait des deux. Demeurée seule près d'Adrien, Madame de Gastelar feignait de ranger les quelques fioles déposées sur les meubles, attendant avec impatience, et non sans inquiétude, que son jeune hôte voulût ou osât lui adresser la parole. De son côté, Adrien était dans une situation d'esprit à peu près semblable : la beauté de la marquise avait fait sur lui une vive impression, et, bien qu'il ignorât la cause de l'intérêt qu'elle lui témoignait, il y avait dans sa position quelque chose qui flattait son amour-propre, et lui faisait pressentir d'agréables distractions.

— Madame, dit-il enfin d'une voix dont l'émotion pouvait, à la rigueur, être mise sur le compte de sa faiblesse, je m'estime heureux de pouvoir vous exprimer moi-même toute ma reconnaissance pour les soins qui me sont prodigués.

— On n'a fait, monsieur, que remplir un devoir, et vous avez le cœur trop haut placé pour ne pas le comprendre.... Mais vous devez avoir besoin de repos ; le docteur n'a pas permis un long entretien.....

— Mais il ne l'a pas défendu non plus, interrompit vivement Adrien. Je vous en prie, madame, ne faites pas cesser si vite le seul moment de bonheur que j'ai goûté depuis longtemps...

— Plus bas ! plus bas ! monsieur, ou j'userai des droits que le docteur m'a remis... Il faut pourtant s'entendre ; mais une garde a bien le droit de se tenir au chevet de son malade.

Et les yeux baissés, le sourire sur les lèvres

et les joues couvertes d'une délicieuse rougeur, l'enchanteres se s'approcha du lit.

— Oh! reprit le jeune homme, j'avais deviné que vous étiez aussi bonne que belle.

Elle s'assit en posant, comme par inadvertance, l'une de ses mains sur le bord de l'oreiller, de sorte qu'Adrien n'eut qu'à se pencher un peu pour appuyer de nouveau ses lèvres sur cette charmante main.

— Je vous écoute, monsieur, dit-elle en dégageant ses doigts mignons de la douce étreinte qui les retenait.

— Et moi, je vous admire, je vous ai...

— Monsieur, dit-elle en s'empressant de l'interrompre, on doit pardonner les fantaisies d'un malade; mais il n'est pas défendu de le rappeler à la raison. Vous aviez, si j'ai bien compris, quelques explications à me demander.

— Il est vrai, car ma situation est vraiment des plus singulières. Blessé sur le champ de bataille, emporté par de braves gens qui voulaient me sauver, je tombai aux mains d'une bande de Cosaques commandée par l'homme le plus étrange qui se puisse imaginer : c'est un Français; il suffit de l'entendre parler pour n'en pouvoir douter, et il fait la guerre à la France. Cet homme allait me tuer; je prononce un mot, il relève son arme, me fait transporter dans une maison, me fait donner toutes sortes de soins, enfin il me traite avec toute la tendresse d'un père, et cependant je ne suis que son prisonnier : il m'a fait donner ma parole de ne pas tenter de recouvrer ma liberté. Cet homme est bien puissant sans doute; je l'ai vu jeter l'or sans compter pour payer le moindre service ; il est l'ennemi de la France, et c'est lui qui m'a fait transporter ici, dans un lieu où l'ennemi n'a pas encore pénétré.... J'avoue que cela confond ma raison, et vous êtes si bonne que peut-être vous voudrez bien me donner le mot de cette énigme.

La marquise écoutait attentivement. Un instant la colère se montra dans son regard ; mais ce ne fut qu'un éclair.

— Monsieur, répondit-elle avec l'apparence du calme le plus complet, de grands événements sont sur le point de s'accomplir ; tel qui peut vous paraître en ce moment l'ennemi de la France, travaille à son bonheur. Je n'en puis dire davantage : ces secrets ne m'appartiennent point...... Et puis cela est bien sérieux ; votre tête se fatiguerait... je vais donc...

—Oh! restez, restez, je vous en conjure. Après tout la prison est si douce, la gardienne est si charmante, qu'on ne saurait ici regretter la liberté.

Il s'empara de nouveau d'une main qu'on lui abandonna, et que, cette fois, il pressa tour à tour sur son cœur et sur ses lèvres.

— Enfant! dit la marquise en se penchant doucement vers l'oreiller, c'est de la déraison; vous aggravez votre mal...

—Oh! ma vie, ma vie tout entière pour quelques instants d'un pareil bonheur!

Il essaya de se soulever; ses bras se tendirent vers la séductrice dont les regards enflammés le fascinaient. En ce moment des pas lourds et pressés se firent entendre dans la pièce voisine; presque aussitôt la porte de la chambre s'ouvrit, et Pied-de-Fer parut.

— Mille diables ! dit-il en jetant sur un fauteuil sa hideuse casquette de cuir, c'est plus que je n'en demandais !

Au premier bruit, Adrien avait laissé retomber sa tête sur l'oreiller, et la marquise avait subitement composé son visage; mais elle comprit, au regard que lui jeta Pied-de-Fer, qu'il lui avait suffi d'entrevoir la vérité pour la deviner tout entière.

— Monsieur, dit-elle en se levant, si vous avez à m'entretenir, je vous attendrai chez moi.

— C'est inutile, marquise, je n'ai pas de temps à perde. Les événements vont un train d'enfer; avant trois jours tout sera fini... Cette vie m'allait si bien !.. Heureusement je me suis préparé d'autres passe-temps; mais ceux-là, madame, je ne veux pas les partager avec vous.

Madame de Gastelar lui jeta un regard terrible en se dirigeant vers la porte, et elle sortit.

— J'espère, monsieur, dit Adrien, indigné de la brutalité de Pied-de-Fer; j'espère qu'il vous plaira enfin de m'expliquer les choses extraordinaires qui se passent autour de moi depuis que je suis votre prisonnier. Cela est devenu intolérable, et si vous refusez de me satisfaire, je chercherai et trouverai propablement le moyen de vous y contraindre.

— Le diable m'emporte ! s'écria Pied-de-Fer en riant dans sa hideuse barbe, je crois que l'enragé me menace !... Prends garde, enfant ! cette femme qui vient de sortir, c'est le diable en personne. J'aimerais mieux te savoir dix Régine....

— Régine! s'écria Adrien ; ah! oui, parlez-moi d'elle, pauvre petite ! ou plutôt laissez-moi l'aller revoir...

— Et allez-donc ! sacré Dieu!... le voilà parti !... Heureusement qu'on ne va ni vite ni loin avec une balle dans le ventre.

— Nous sommes si près de Paris, et il vous serait si facile de m'y faire transporter !....

— Enfant, il n'est pas temps de toucher cette corde-là... Le séjour de Paris, en ce moment, est excessivement malsain.. pour certains tempéraments....

Ils furent interrompus par un bruit de chevaux qui entraient dans la cour du château, bruit auquel succéda celui de fourreaux de sabres retentissant sur le pavé. Pied-de-Fer s'avança vers une fenêtre.

— La vieille garde ! s'écria-t-il presque aussitôt. Sacré mille diables ! il ne fait pas bon ici... Enfant ! souviens-toi que j'ai ta parole et que je la garde.

A ces mots, il jeta une lourde bourse sur le lit du blessé, puis il s'élança vers la porte et disparut.

II.

Le droit du plus fort.

C'était en effet un détachement de grenadiers à cheval de la vieille garde impériale qui avait déterminé la retraite précipitée de Pied-de-Fer. Ce jour-là même, Napoléon était arrivé à Fontainebleau, où les vivres manquaient depuis plusieurs jours, et des détachements avaient été immédiatement envoyés dans tous les environs pour faire des perquisitions nécessitées par le déplorable état des affaires. Les autorités locales avaient délivré des mandats, et c'était muni, de l'une de ces pièces, que le commandant du détachement se présentait au château de Souvrecœur. Madame de Gastelar achevait de donner des ordres pour que les vivres et le fourrage requis fussent livrés aux soldats, lorsqu'une espèce de courrier entra au galop dans la cour. C'était un homme bien vêtu, portant au bras gauche une sorte de bracelet blanc formé de longs rubans que la rapidité de sa course faisait flotter en arrière, une cocarde de même couleur était attachée à son chapeau rond, et de chaque côté du collet de son habit noir, se dessinait une large fleur de lis appliquée à la hâte à l'aide de deux épingles en croix.

Le sous-officier qui commandait le détachement de grenadiers demeura d'abord immobile de surprise à la vue de ce personnage.

— Mille tonnerres! s'écria-t-il après quelques instants, est-ce que nous allons recommencer la Vendée?... il ne manquerait plus que cela! Si l'on ne m'avait pas donné des ordres précis, je ne sortirais certainement pas d'ici sans savoir à quoi m'en tenir sur ce muscadin de l'ancien régime; mais, à bon entendeur salut! la blanchaille n'est pas tombée dans l'œil d'un aveugle, et nous saurons bientôt d'où sortent ces oiseaux de mauvais augure... A cheval, et au galop!

Tandis que les grenadiers reprenaient le chemin de Fontainebleau, escortant les munitions qu'ils avaient obtenues, le personnage à la cocarde blanche pénétrait chez la marquise, à laquelle il remettait la lettre suivante :

« Victoire ! madame ; Paris a capitulé ;
« on s'occupe de former un gouvernement
« provisoire, et le comité est en ce mo-
« ment tout-puissant, car Talleyrand est
« des nôtres. Le comte d'Artois, débarqué
« à Bordeaux le 12 mars, nous arrivera
« dans peu de jours, avec le titre de lieu-
« tenant-général du royaume, et dès lors
« votre mari pourra prétendre à tout.
« Hâtez-vous donc de venir me joindre ;
« grâce au sauf-conduit que je vous ai re-
« mis, vous pourrez franchir toutes les li-
« gnes sans difficulté.

« C'est surtout au milieu d'événements
« du genre de ceux qui se préparent,
« qu'une femme comme vous est un trésor
« inestimable. Ce trésor est à moi, et je
« brûle du désir de le revoir. Venez donc,
« de grâce, belle amie : ce ne sera pas, je
« pense, me faire un grand sacrifice que
« de quitter cette triste solitude où j'ai

« été obligé de vous laisser, en prévision
« d'événements qui ont été beaucoup plus
« rapides que je ne l'espérais. Venez, mon
« bel ange ; mon cœur vous appelle et
« mes bras vous sont ouverts.

« Marquis de Gastelar. »

Cette lettre, qui eût été accueillie par la marquise avec joie quelques jours auparavant, la laissa froide et mécontente. C'est que depuis vingt-quatre heures, la situation d'esprit de l'altière châtelaine s'était prodigieusement modifiée : cette solitude où elle avait passé un hiver rigoureux, se débattant contre de terribles souvenirs, des regrets amers et d'incessants remords, s'était pour elle subitement métamorphosée en séjour délicieux ; ses passions ardentes, quelque temps assoupies, s'étaient tout à coup ravivées, un puissant élément leur avait rendu toute leur énergie. Son front se plissa légèrement en lisant ce message; ses lèvres se serrèrent, et ses ongles rosés se firent jour comme involontairemeut à travers le papier.

— Madame, dit le personnage, M. le marquis, dont j'ai l'honneur d'être l'aide-de-camp, m'a chargé de vous dire qu'il ne demande qu'une réponse verbale. Dois-je lui rapporter que madame la marquise va s'empresser de se rendre à ses vœux?

— Il le faut bien, répondit madame de Gastelar en froissant violemment la lettre sans s'occuper de l'étonnement qui se peignait sur le visage de son interlocuteur. M. le marquis eût été mieux avisé de ne pas partir seul... mais je lui pardonne les ennuis auxquels il m'avait condamnée. Dites-moi, monsieur, les routes sont-elles sûres?

— Parfaitement, madame: les troupes impériales et l'armée des alliés s'observent; mais, depuis trois jours, on n'a pas tiré un coup de fusil, et le calme est tel que j'ai pu arriver jusqu'ici sans quitter les couleurs de Henri IV et de Louis-le-Grand.

— Retournez donc, monsieur, et annoncez ma venue : je vous suivrai de près.

L'aide-de-camp improvisé repartit aussitôt, et une heure après, la marquise, qui s'était assurée de la disparition de Pied-de-Fer, revenait près d'Adrien.

— Ah! mon bel ange consolateur! s'écria le jeune homme, je craignais que la visite de ce sale et brutal personnage ne vous empêchât de revenir...

— Il paraît qu'il n'est resté ici que bien peu de temps après mon départ?

— Le bruit des pas des chevaux et des fourreaux de sabre traînant sur le pavé a suffi pour le faire fuir... Mais, de grâce, apprenez-moi quel est cet homme étrange qui parle en maître; partout où il se trouve, fait trembler d'un mot les gens qui l'entourent, et fuit comme un lièvre au bruit des armes?

— Oh! ce serait une histoire fort peu intéressante, et surtout beaucoup trop longue pour que je puisse le faire aujourd'hui; car, dans quelques heures, je serai loin d'ici.

— Vous partez! s'écria Adrien en se soulevant sur ses coudes; vous me quittez?... aujourd'hui même?... mais la fatalité qui me poursuit ne me fera donc jamais ni paix ni trêve?

— Calmez-vous, monsieur, et écoutez-moi.

Madame de Gastelar s'approcha du lit, et elle reprit la place qu'elle avait occupée avant l'arrivée de Pied-de-Fér; son charmant visage s'illumina du plus doux regard et s'embellit du plus gracieux sourire. Cette fois, Adrien s'empara sans hésiter, et comme d'un bien qu'on est heureux de recouvrer, de la main qui effleurait son oreiller.

— Mon Dieu! dit-il avec effusion, j'étais si heureux ce matin!... Oh! vous ne voudrez pas me faire passer ainsi de la joie au désespoir.

— Vraiment, répondit-elle, ce vilain homme avait bien raison de vous appeler enfant! Nous nous connaissons d'aujourd'hui, et voici que mon départ va vous dépiter comme un enfant qui voit s'envoler un papillon qu'il a à peine aperçu.

— Hélas! la comparaison n'est que trop

juste : papillon brillant, vous allez prendre votre essor vers les régions dont l'accès m'est interdit...

— Cela est beaucoup plus simple : je vais à Paris.

— Paris! dit-il en s'efforçant de maîtriser l'émotion nouvelle que ce seul mot faisait naître en lui; vous allez à Paris, mon pays bien-aimé!

— Mes ordres sont donnés; ma berline de voyage est douce et commode, et dans deux heures on y mettra les chevaux!

— Oh! vous êtes bien cruelle, de me tourner ainsi le poignard dans le cœur!

— Vous devriez dire plutôt que je suis bien folle, car je pensais à profiter de cette circonstance pour vous rendre à votre famille, à vos amis, à...!

Un éclair de joie brilla sur le visage d'Adrien, mais presque aussitôt il devint plus sombre qu'il ne l'avait été jusque-là.

— Hélas! fit-il, vous ignorez donc que je suis prisonnier sur parole de cet homme incompréhensible qui était ici il y a une heure? Il doit y avoir là-dessous quelque mystère d'iniquité, je le pressens; mais je suis lié par ma parole... cela est bien affreux!

— Vous êtes, au contraire, plus libre que vous ne l'avez jamais été. Écoutez, mon jeune ami : les alliés sont à Paris; la la déchéance de Napoléon a été proclamée, et le gouvernement provisoire a déclaré que tous les soldats de l'usurpateur étaient déliés de leurs serments. N'est-ce pas assez pour rassurer votre conscience? Voici le reste : les puissances alliées ont solennellement déclaré qu'elles n'avaient jamais entendu faire la guerre à la France, mais seulement à Napoléon, et à l'appui de cette déclaration, elles ont ordonné que tous les prisonniers français fussent renvoyés dans leurs foyers. Vous voyez bien que vous ne pouvez plus être le prisonnier de personne.

— Il serait vrai !

— Voici la confirmation de toutes ces nouvelles, répondit-elle en présentant au jeune officier quelques journaux que lui avait remis l'aide-de-camp de son mari... Et maintenant, monsieur, ajouta-t-elle en baissant les yeux, tandis qu'elle abandonnait au jeune homme ses deux mains qu'il couvrait de baisers; maintenant si nous nous séparons pour ne plus nous revoir, c'est que vous l'aurez voulu.

— Mais ce serait horrible !... à vous, belle et tendre amie, c'est à vous que je veux être corps et âme... Tenez, voici que je me sens plein de force, de santé... Le docteur n'a-t-il pas dit, ce matin, que j'étais sauvé?

— Mon Dieu, dit-elle en essayant de cacher son charmant visage avec l'une de ses mains qu'elle était parvenue à dégager doucement de celles d'Adrien, mon Dieu! je vais faire une grande folie.

— Eh quoi! des craintes maintenant!... de l'hésitation!... Oh! je n'hésite pas, moi, pour jurer de vous adorer toujours et de vous consacrer ma vie entière.

Et puisant dans l'exaltation les forces qui lui manquaient, il se mit sur son séant et attira doucement vers lui la tête de la marquise. Presque aussitôt leurs lèvres se rencontrèrent; mais le pauvre blessé était trop faible pour supporter une commotion si violente; tout son sang reflua vers le cœur, ses lèvres blêmirent, ses bras cessèrent d'étreindre les épaules d'albâtre de la charmante femme, et il retomba sur l'oreiller. La marquise effrayée s'empressa de le secourir; elle lui fit respirer des sels, et elle parvint assez promptement à lui rendre l'usage de ses sens.

— N'avais-je pas raison de dire que je faisais une immense folie? reprit-elle en se tenant cette fois hors de la portée du jeune officier.

— Vous voulez donc me faire mourir de regrets? demanda Adrien dont les joues commençaient à reprendre une légère nuance de vermillon.

— Je veux que vous viviez, au contraire; je veux vivre aussi, moi!.. mais pour qu'il en soit ainsi, il faudrait ne point faire de folies, et nous ne faisons pas autre chose depuis ce matin.. Voyons, enfant, promettez d'être sage, et je vais vous envoyer Henri, qui vous habillera, vous enveloppera d'un ample manteau, et aidera à vous transporter dans ma voiture... Vous voyez bien, monsieur, que l'on n'est pas si terrible que vous le disiez tout à l'heure...

— Oh! je n'ai rien dit, je ne veux rien dire, sinon que vous êtes mon ange gardien, mon ange sauveur, mon ange bien-aimé...

Pour arrêter ce flot d'hyperboles, la marquise posa l'une de ses mains sur les lèvres du jeune homme; puis, légère comme une sylphyde, elle prit son vol vers la porte et disparut.

Une heure après, alors que les ténèbres de la nuit étaient traversées par la lumière des étoiles dont le scintillement annonçait un temps beau et froid, Adrien était transporté par Jean, le cocher, et Henri, le valet de pied et l'homme de confiance de la marquise, de la chambre à la berline dans laquelle tout était disposé afin que le blessé se ressentît le moins possible des fatigues du voyage. Presque aussitôt la marquise et sa femme de chambre, Juliette, descendirent le perron et prirent place, madame de Gastelar près du jeune officier, et la camériste sur le devant, en face de sa maîtresse.

— Jean, dit la marquise, vous savez que nous prenons la poste à Fontainebleau; vous n'avez donc pas à ménager vos chevaux.

— Madame la marquise, nous serons à la poste dans trois quarts d'heure.

Il monta sur le siége, fit entendre son

fouet, et la berline roula bientôt dans l'avenue de peupliers, puis sur la route, à droite et à gauche de laquelle on apercevait, se prolongeant à une immense distance, les feux des bivouacs de l'armée française encore nombreuse et imposante, malgré deux ans de combats incessans contre toutes les forces de l'Europe. Quoique bien faible encore, Adrien se sentit capable de supporter facilement le mouvement de la voiture jusqu'à Paris, vers lequel tendaient tous ses désirs, toutes ses pensées. Un léger frémissement de madame de Gastelar vint l'arracher aux pensées qui l'occuppaient.

— Le froid vous fait mal, peut-être... Voulez-vous que je lève la glace? dit-il en étendant le bras.

— Merci, répondit la marquise en posant sa main sur celle du jeune homme, je n'ai pas froid ; mais on traverse la forêt, et on n'est pas femme impunément.

— Oh! grâce à vous, ma belle protectrice, je me sens maintenant la force de tenir mon épée, et d'ailleurs c'est l'armée française qui nous environne, nous n'avons donc rien à craindre.

La voiture continuait à rouler, et bientôt elle entra dans la forêt de Fontainebleau ; à mesure que l'on avançait, l'obscurité devenait plus profonde ; mais le cocher, qui connaissait parfaitement la route, continuait à stimuler vigoureusement ses chevaux. Tout à coup une lumière assez vive apparut à quelque distance, comme si elle fût sortie de dessous terre, puis elle s'avança rapidement jusque sur le bord de la route.

— Halte! cria une voix de stentor qui

domina le bruit des chevaux et de la voiture.

Loin d'obéir à ce commandement, le cocher fouetta ses chevaux ; mais au même instant un coup de feu se fit entendre, et le malheureux, mortellement atteint, tomba de son siége ; deux hommes saisirent aussitôt les rênes des chevaux, et la voiture s'arrêta. Au bruit du coup de feu la marquise avait jeté un cri ; mais elle se remit promptement, et le poignard qui ne la quittait point brilla dans sa main. Adrien, malgré son extrême faiblesse, saisit son épée, et il venait d'ouvrir la portière, lorsqu'un homme, allongeant le bras, promena dans l'intérieur de la voiture la lanterne qu'il tenait à la main, et en même temps une voix bien connue fit entendre ces paroles :

— Pincés au vol !.. Ne te presse pas, enfant, nous allons t'aider à descendre. Quant à vous, madame, remettez, s'il vous plaît, dans son étui ce joujou qui brille à votre main, et qui ne doit désormais trouer la peau de personne.

Pied-de-Fer n'avait pas achevé de parler, que déjà Adrien s'était élancé hors de la voiture, et la voyant environnée de cavaliers armés jusqu'aux dents, il marcha à celui dont il se trouvait le plus rapproché; mais à peine eut-il fait deux ou trois pas que ses forces trahirent son courage; la blessure qu'il portait au côté se r'ouvrit, un flot de sang s'en échappa, et il fut obligé de s'appuyer contre l'une des roues de la berline pour ne pas tomber.

— Ah! ah! monsieur le chevalier de la Légion-d'honneur, reprit Pied-de-Fer en venant à lui pour le soutenir, c'est ainsi que vous tenez votre parole!.. Il n'y a pas de quoi se vanter, mon garçon.

La paix est faite, répondit Adrien à qui il restait à peine la force d'articuler, et je ne puis être maintenant le prisonnier de personne.

— Enfer du diable ! tu es le mien... Ils ont fait la paix, dis-tu ? mais je ne l'ai pas faite, moi !... Mille tonnerres ! madame la marquise, vous n'avez pas perdu votre temps, et je vous reconnais là ; mais vous aviez affaire à plus fort et à aussi fin que vous... Est-ce que, par hasard, vous auriez peur de manquer, là bas, de beaux garçons disposés à se laisser piper pour vos menus plaisirs ? Allons donc ! la monnaie de Petit-Duc, de Pied-de-Fer et de quelques autres ne vous manquera pas encore de sitôt.

— Arrière ! arrière ! infâme bandit, cria madame de Gastelar.

— Eh ! ma toute belle, répliqua-t-il tout en faisant respirer des sels au jeune officier, est-ce donc une chose si commune qu'un bandit comme Pied-de-Fer? Non, cela n'est pas commun, n'est-ce pas ?..... Vous le savez, vous, qui avez étudié la matière..... Tonnerre de Dieu ! ne bougez pas, ma charmante, ou, par les cinq cents diables, vos patrons, je vous jette pieds et poings liés en croupe derrière l'un de mes hommes.

La marquise rugissait comme une lionne ; mais elle n'essaya pas de mettre pied à terre, car elle savait que les menaces de Pied-de-Fer n'étaient jamais vaines.

— Crois-moi, enfant, disait le bandit à Adrien qu'il venait de faire asseoir sur le revers d'un fossé, tu peux me croire, car je n'ai pas intérêt à te tromper ; eh bien !

si tu te laisses piper par cette syrène, tu es perdu. Tu es pauvre, tu n'as que ton honneur et ta vie, qui peut-être ne tient qu'à un fil ; eh bien ! elle te déshonorera, et bientôt, quand sa fantaisie sera satisfaite, tu ne seras qu'un jouet qu'elle brisera pour le remplacer par un autre.

— Tu mens ! tu mens, scélérat ! cria de nouveau madame de Gastelar en se tordant les bras avec fureur, sans vouloir entendre Juliette qui la suppliait de se calmer.

— Mais il n'en sera pas ainsi, tonnerre de Dieu ! continuait Pied-de-Fer sans s'occuper des cris et des injures de la terrible châtelaine ; tu as mieux à faire, triple diable ! il faut te guérir d'abord, afin de pouvoir goûter ensuite toutes les joies du monde : tu es jeune et brave ; je te ferai riche et noble.

— Noble? interrompit Adrien, mais qui êtes-vous donc?

— Ça ne te regarde pas, enfant: tu es orphelin, je veux être ton père... mieux que cela, plus que cela... Tout ce qui te manque pour être parfaitement heureux, moi seul puis et veux te le donner... Tu aimes une jeune fille douce, bonne, charmante, Régine.....

Ce nom produisit sur le jeune officier un effet magique; il oublia en un instant la scène terrible qui venait de se passer; il n'entendit plus les imprécations, ni les cris de rage de la marquise.

— Régine! s'écria-t-il, ah! oui, c'est pour elle, c'est pour ma Régine bien-aimée que je veux vivre!

Un cri aigu, comme le sifflement d'une

vipère, partit de la voiture demeurée ouverte, et au même instant, madame de Gastelar, se dégageant des bras de sa femme de chambre qui tentait de la retenir, s'élança à terre et arriva d'un bond jusqu'à Pied-de-Fer. Elle levait le bras pour le frapper, lorsque le vigoureux bandit, se retournant, la saisit à bras le corps et la désarma, puis il la reporta dans la voiture, et fit placer deux hommes à ses côtés ; par son ordre, un troisième monta sur le siége du cocher, prit les rênes et fouetta les chevaux. Vingt minutes après, la berline s'arrêtait à l'entrée de la ville ; là, les trois hommes l'abandonnèrent, se jetèrent dans la forêt et disparurent, tandis que les deux femmes criaient de toutes leurs forces au secours !

III.

Demi-Confidences.

Adrien, étendu sur une espèce de litière formée de branches d'arbres recouvertes de plusieurs manteaux, traversait la forêt, porté par quatre hommes vigoureux. Pied-de-Fer marchait à pied près de lui. Douze ou quinze cavaliers bien montés marchaient en avant, et vingt autres formaient l'arrière-garde.

— Maintenant, enfant, disait à Adrien son singulier protecteur, maintenant que tu as vu un échantillon de la douceur de ce démon caché sous la peau d'un ange, j'espère que tu ne m'en veux pas de t'avoir arraché de ses griffes.

—En vérité, je m'y perds, répondit le jeune homme; il y a des moments où je suis tenté de croire que tout cela n'est qu'un rêve, qu'une hallucination produite par l'affaiblissement de mon cerveau..... Ce qui me paraît incontestable, c'est que votre conduite envers moi est plus étrange encore que celle de cette femme.

— Allez, là-dessus, ce n'est pas de moi qu'il faut t'occuper en ce moment.

— Mais il est impossible que je ne m'en occupe pas, de même qu'il m'est impossible d'avoir foi en vos paroles. Ainsi, vous me promettez toutes les joies du monde, et abusant de ma faiblesse et d'une parole surprise, vous refusez, contre toute raison et justice, de me rendre la liberté; vous me parlez de Régine, et....

— Eh! oui, oui, sacredieu! je te parle de tout cela, je te promets cela et je te le donnerai ; mais il faut me laisser faire, et ne pas me demander d'explications impossibles en ce moment.

— Mais au moins dites-moi tout ce que vous savez de Régine. Il est certain que vous la connaissez beaucoup mieux que vous n'avez voulu l'avouer jusqu'à présent.

— Oui, le moment serait bien choisi pour mettre le feu aux poudres, pour t'enflammer le sang; tu te crois fort en ce moment parce que la fièvre te galoppe. Assez causé, pas un mot de plus avant que le médecin ait donné son avis.

— Encore un mot seulement : n'est-il pas vrai que c'est le nom de Régine qui vous a fait relever votre arme au moment où vous alliez m'achever sur le champ de bataille de Montmirail ?

— C'est un peu ça, peut-être, et autre chose encore. Tais-toi donc, enfant ; tout ce qui se passe maintenant ne te dit-il pas que le temps est proche où il n'y aura plus de secrets entre nous ?

Adrien n'insista pas, car sa faiblesse était telle, malgré la fièvre qui le dévorait, que sa voix ne pouvait dominer le bruit des pas de ses porteurs, broyant les feuilles sèches et les broussailles au travers desquelles se dirigeait cet étrange cortége. On cheminait ainsi depuis une heure, lorsqu'un *qui vive?* fortement accentué, se fit entendre ; la tête de colonne fit halte ; les porteurs d'Adrien s'arrêtèrent aussitôt, et Pied-de-Fer s'élançant sur le cheval dont, en marchant, il n'avait cessé de tenir la bride, partit comme un trait. Le blessé se souleva avec effort pour regarder autour de lui, et il aperçut, près d'un feu de bivouac, une cinquantaine d'individus armés et équipés de la même manière que ceux qui formaient son escorte. Au bout de deux minutes, les porteurs se remirent en marche ; mais après avoir fait une centaine de pas ils s'arrêtèrent de nouveau, la litière fut posée sur un monceau de feuilles sèches, puis le blessé en fut enlevé avec précaution et transporté dans une espèce de hutte construite avec beaucoup de soin et garnie d'un lit doux sur lequel on plaça le jeune officier.

— Pas un mot de trop, mille millions d'enfer! cria au dehors une voix qu'Adrien reconnut pour celle de Pied-de-Fer, pas un geste, pas un grognement, tas de gibier de bourreau! ou, sacré mille dieux! je vous mange les entrailles à tous avec mon sabre en guise de fourchette!... Ah! vous n'êtes pas contents, mauvais chiens hargneux, tas de meurt-de-faim dont le moins bien partagé est maintenant plus riche qu'un conseiller d'état... vous faites la grimace quand il s'agit de m'obéir, sous prétexte que la paix est faite, et que vous êtes pressés d'aller manger bêtement, dans les tripots de Paris, l'or que je vous ai fait gagner!... Mais vous savez bien, canaille, qu'il n'y aura de paix pour vous qu'autant que je le voudrai bien. Est-ce bien entendu, et pour n'y plus revenir?...

Il se tut, et pas un murmure, pas une

syllabe menaçante ne répondit à son interpellation.

— A la bonne heure! reprit-il d'un ton radouci, c'est comme ça que je vous veux.

— Il n'y a plus à en douter, se disait, de son côté, Adrien, je suis au pouvoir d'un chef de bandits... Mais cette femme, à la fois si charmante et si redoutable, si j'en crois ce personnage extraordinaire, cette femme serait donc sa complice? Non, cela est impossible... En vérité, il y a de quoi confondre l'imagination.

Il fut interrompu dans ses réflexions par un qui vive que suivit le cliquetis des armes qu'il avait vues, en arrivant dans ce lieu, rangées en faisceaux à quelque distance du feu. Un instant il espéra qu'il s'agissait d'une attaque qui pourrait lui rendre la liberté ; car, malgré les promesses brillantes que lui avait faites Pied-de-Fer, et le dévouement qu'il lui montrait, son plus ardent désir était de se retrouver au milieu de ses frères d'armes ; mais son espoir fut promptement déçu : tandis que l'on remettait les armes en faisceaux, Pied-de-Fer, qui s'était éloigné, revenait vers la hutte, précédant le docteur Brimont qu'il avait envoyé chercher, et dont l'arrivée avait causé ce mouvement.

— Docteur, on a dû vous dire qu'il s'agissait de secourir le blessé que, hier encore, vous avez vu au château de Souvrecœur ; il va vous sembler bien étrange de le retrouver dans une cabane au milieu de la forêt ; mais je vous préviens d'avance que, sur ce point, nous ne répondrons à aucune des questions que vous pourrez nous faire.

—Hum! fit le docteur en promenant son regard scrutateur sur les gens qui l'environnaient, vous ne pourrez au moins m'empêcher de deviner, et il ne me faudra pas faire de grands efforts pour y parvenir.

— A votre aise, répliqua Pied-de-Fer en se retournant et regardant fixement le médecin, à votre aise : supposez, devinez tant qu'il vous plaira ; mais, tonnerre du diable ! que rien de ce que vous pourrez imaginer ne vous passe les lèvres.

M. Brimont s'arrêta à son tour.

— La prière a pu me faire venir jusqu'ici, dit-il ; mais il n'y a point de menace capable de me faire faire un pas contre ma volonté.

Pied-de-Fer fit une horrible grimace, et

il porta vivement les mains à sa ceinture ; mais, se ravisant tout-à-coup, il s'efforça de sourire.

— Docteur, reprit-il, nous sommes forts tous les deux, mais d'une manière différente ; ne nous fâchons donc pas, car nous y perdrions l'un et l'autre. Vous êtes trop homme de bien pour qu'une parole inconsidérée vous fasse refuser le secours de votre art à un brave enfant qui s'est battu comme un lion pour la défense de tous, et qui va mourir si vous ne vous hâtez d'arriver jusqu'à lui..... Et puis, docteur, continua-t-il en tirant une poignée d'or d'une de ses poches, ce n'est pas un service gratuit que je vous demande pour mon protégé ; vous pouvez mettre vos visites au prix qu'il vous plaira ; ne vous gênez pas : je puis payer pour moi, pour lui, et pour tous ceux que vous soignez et qui n'ont rien à vous offrir en échange de la santé que vous leur rendez.

Le regard du médecin s'adoucit subitement; il sourit même à la vue de cette main tellement pleine d'or, que quelques-unes des pièces qu'elle contenait se montraient entre les doigts.

— Corbleu! fit-il, je ne suis pas avare, mais l'or a son prix, et le proverbe est sage : *Il vaut mieux tenir que courir*…… Pour les pauvres, s'il vous plaît! ajouta-t-il en ôtant son chapeau et le tendant vers son interlocuteur.

— Docteur! s'écria Pied-de-Fer en ouvrant la main sans hésiter, j'ai eu tort, j'en conviens; permettez que je double la dose… Et puis sauvez-le, je la centuplerai, si vous l'exigez.

Quelques secondes après, tous deux entraient dans la hutte qu'occupait le jeune officier; le médecin s'approcha du blessé qu'il examina attentivement, puis se tournant vivement vers Pied-de-Fer.

— Misérable! dit-il, ne voyez-vous pas qu'en l'arrachant du château pour l'amener ici, vous l'avez tué?

— Oh! c'est cette femme de l'enfer, qui l'a tué! s'écria le bandit en se frappant violemment la poitrine... mais s'il doit mourir, par les tripes du diable! je lui ferai expier tous ses péchés d'un seul coup.

— Point de bruit, dit le docteur, on peut encore espérer quelque chose de cette énergique nature.

Il leva les appareils, pansa les blessures avec le plus grand soin, et fit prendre à Adrien quelques gouttes d'un cordial qui le ranima, puis il sortit après avoir fait aux questions du jeune officier quelques réponses évasives.

— Eh bien? lui dit, quand il fut dehors, Pied-de-Fer qui l'avait suivi.

— Ecoutez-moi : à moins qu'il ne survienne de graves accidents, votre blessé peut être transporté maintenant dans un lieu plus convenable; mais quoi qu'il arrive, sa guérison complète, si elle doit avoir lieu, sera excessivement longue. Cette rechute a eu de graves conséquences; une obstruction au foie est imminente, je pourrais dire inévitable. Entre nous, je pense que la France est un pays très mal sain pour lui... et pour vous.

— Prenez garde, docteur; un homme de votre mérite ne doit pas se laisser imposer par les apparences.

— Il ne s'agit pas d'apparences, mais de réalité. Au point où nous en sommes, toute réticence est ridicule. Mon avis est donc que, à raison des derniers événements, autant que pour le rétablissement de votre protégé, vous feriez bien de partir avec lui pour l'Italie; vous marcheriez à très petites journées... L'or aussi fait des prodiges; avec des soins, de la prudence, vous arriveriez jusqu'à Florence... Une fois là le jeune officier est sauvé... à la condition pourtant de suivre, pendant un an au moins, un régime sévère.

— Merci, docteur! merci pour ces bonnes paroles... avant vingt-quatre heures nous serons partis. D'ici là je vous demande le secret.

— Il me sera facile de le garder; vous ne m'avez rien confié.

— A la bonne heure; mais vous m'avez menacé de deviner, et je vous crois homme à tenir parole.

— Bon ! nous avons fait la paix depuis, et j'ai trop de besogne en ce moment pour m'occuper d'autre chose.

— Ecoutez, dit Pied-de-Fer en prenant la main du médecin et la serrant cordialement, vous allez au nord, et dans quelques heures je ferai route pour le midi ; mais la terre n'est pas si grande que deux hommes marchant en sens opposé ne puissent se rencontrer ; si cela arrive, vous verrez que j'ai de la mémoire.

— Tant mieux, répondit le docteur, en souriant, je ne suis pas fâché d'avoir des amis partout.

Et saisissant la bride de son cheval qu'un des hommes de Pied de Fer tenait à quelques pas de la hutte, il sauta en selle et s'éloigna rapidement. Pied-de-Fer, les bras croisés sur la poitrine, se promena pendant quelques minutes autour du feu du bivouac ; contre son habitude, il tenait la tête baissée, et semblait réfléchir profondémen. Tout à coup il s'arrêta, promena ses regards autour de lui, et prenant dans sa veste de peau de mouton un sifflet d'argent, il en tira à deux reprises un son aigu qui vibra dans l'air à une grande distance.

Aussitôt tous les hommes présents montent à cheval ; d'autres arrivent à la hutte de divers points ; toute la troupe se forme sur deux rangs. Pied-de-Fer se promena encore silencieusement pendant quelques instants sur le front de bandière, puis il s'arrêta vers le milieu, et d'une voix haute et ferme :

— Garçons, dit-il, nous avons fait ensemble un rude métier ; mais au moins nous savions pourquoi nous risquions notre peau, avantage que n'avaient pas tant de braves gens qui, dans ces dernières années, ont semé leurs os sur tous les points de l'Europe. De ce *pourquoi* vous avez une partie dans vos ceintures ; le reste est à deux pas d'ici, et nous allons l'examiner tout à l'heure, car le temps de compter est venu. Cela fait, je vous congédie en masse. Les chemins sont libres, et d'ailleurs il vous suffira de dire aux avant-postes russes ou prussiens que vous abandonnez l'armée impériale pour retourner dans vos foyers, pour que des sauf-conduits vous soient délivrés sans la moindre difficulté (1). Je me suis procuré sur ce point les renseignements les plus exacts. Vous êtes bien heureux, garçons, car je devine bien que vous allez prendre le che-

---

(1) Afin de diminuer les forces de Napoléon en favorisant la désertion, les alliés faisaient délivrer aux avant-postes des sauf-conduits à tous les soldats français qui s'y présentaient. On vit alors déserter des compagnies entières.

min de Paris, la ville sans pareille, qui doit être en ce moment un véritable pays de Cocagne pour des drilles de votre espèce. Prenez garde pourtant d'avoir une trop grande intempérance de langue, et n'oubliez pas que nos amis Nézel, Mariotte, le *Boucher des Chrétiens* et vingt-cinq autres seraient peut-être encore tous aujourd'hui parmi nous, si quelques vanteries hors de saison ne les avaient menés à la place de Crève... Garçons, je suis content de vous, et vous le serez de moi tout à l'heure, j'en suis sûr... Allons, quatre hommes de bonne volonté.

Personne ne bougea.

— Cela veut dire, reprit Pied-de-Fer, que vous êtes tous également disposés à m'obéir. Bravo, garçons ! c'est comme ça qu'on est fort et qu'on arrive à bonne fin. Allons, Lambert, ton chef de file et la file d'après, pied à terre et suivez-moi.

Les hommes qu'il indiquait obéirent ; tous cinq s'éloignèrent, puis, au bout d'un quart-d'heure, ils reparurent, chacun d'eux pliant sous le poids d'immenses sacoches à travers desquelles se dessinaient des disques qui pouvaient donner une idée de l'importance de leur contenu. Tous ces sacs furent vidés sur la terre, battue et ferme en cet endroit. Pied-de-Fer, sans prendre la peine de compter, divisa ce monceau d'or et d'argent en autant de parties qu'il avait d'hommes sous ses ordres.

— Garçons, dit-il ensuite, voici le prêt du dernier mois. C'est un peu plus pour chacun que les cinq sous par jour du vrai soldat... Pied à terre! défilez la parade, et qu'en passant chacun prenne sa part.

Cette manœuvre fut exécutée avec autant d'ordre que s'il se fût agi de quelque mouvement stratégique, car Pied-de-Fer était là le sabre au poing, les pistolets à la ceinture, et tous le savaient capable de passer sa lame au travers du corps ou de faire sauter la cervelle au premier qui eût tenté de dépasser le commandement.

— Et maintenant, garçons, dit-il lorsque cette opération fut terminée, nous sommes quittes; rompez les rangs, et au revoir!... car nous devons nous rencontrer encore, ne fût-ce qu'en enfer.

Il avait à peine achevé de prononcer ces mots, que la bande entière était dispersée, et s'éloignait joyeusement, à l'exception de Lambert qui était demeuré près de son chef.

— Tu es donc bien sûr que rien ne nous manque? lui demanda ce dernier.

— Très sûr. D'abord, nous avons des

passeports excellents, ceux du comte Romansof, du baron Alexiowitz, son fils, et de Nicolas Toupiachef, leur intendant... trois pauvres sires qui ont jugé à propos de nous montrer les dents, ce qui fait qu'ils n'y ont plus mal.

— Assez! assez! passez là-dessus.

— Tous trois se rendaient en Italie lorsqu'ils ont eu le désagrément de nous rencontrer en chemin, ce qui les a mis dans la nécessité de changer leur itinéraire : ils allaient voir le pape; nous les avons envoyés faire visite au bon Dieu, ce qui fait qu'ils ont toutes sortes d'excellentes raisons pour ne pas se plaindre. Croyez-vous donc qu'il soit bien difficile, avec des papiers de cette nature et de l'or dans ses poches, de se faire servir au doigt et à l'œil? Quant à moi, ça m'a paru excessivement simple : la voiture nous attend à cent pas d'ici, sous la garde d'un paysan qui va se trouver bien heureux d'hériter de votre cheval et du mien, dont nous n'avons plus que faire, et qu'il serait imprudent de chercher à vendre. Les coffres de cette voiture sont remplis de linge, de vêtements de toute espèce... L'intendant Toupiachef montera sur le siége ; monsieur le comte et monsieur le baron se placeront dans l'intérieur le plus commodément possible, et fouette cocher !... Le cocher et l'intendant c'est moi. Sur ce ne perdons pas de temps, je vous prie, car dans une heure et demie, il fera jour.

Tout cela s'était passé si près de la hutte, qu'Adrien avait pu presque tout entendre, et même en voir une partie, grâce à l'énorme feu dans lequel brûlaient des arbres entiers ; aussi était il en proie à une vive agitation lorsque Pied-de-Fer s'approcha de son lit.

— Enfant, lui dit le bandit, nous allons

quitter la France; c'est l'avis du docteur : il assure que tu ne pourras arriver à une guérison complète que sous le beau ciel de l'Italie. De mon côté, j'ai des raisons pour m'éloigner pendant un certain temps. Dès que tu pourras écrire, tu enverras ta démission au ministre de la guerre...

— Quoi! s'écria le jeune homme, vous avez pu croire que je consentirais à briser ainsi mon avenir pour me mettre à la discrétion d'un...

— Comme militaire tu n'as plus d'avenir, enfant, interrompit brusquement Pied-de-Fer : les Bourbons remontent sur le trône; la noblesse reprend ses droits, ce qui signifie que les nobles seuls pourront désormais porter l'épée. On croirait, sous le nouveau régime, te faire une grande grâce en te conservant le grade que tu as acquis au prix de ton sang, et tu ne serais toujours qu'un misérable officier de fortune que les nouveaux venus regarderaient avec dédain. Consens à me suivre, et quand tu reviendras, tu seras noble aussi, tu seras prince, si tu le veux, et tu seras assez riche pour vivre en prince...

— Mais je ne puis ni ne veux accepter cette fortune dont je ne connais pas la source, ou plutôt...

— Ecoute, enfant, interrompit de nouveau Pied-de-Fer avec une gravité et une mesure dont on ne l'eût pas cru capable; écoute : lorsque le temps sera venu de toucher cette corde-là, je jure, par le ciel et l'enfer, que tu n'auras rien à regretter. Crois-moi, enfant, et après avoir fait tête à la mauvaise fortune, ne te raidis pas contre la bonne. Je ne te parle pas de mon honneur; il y a bien longtemps que j'en ai fait bon marché, et tu l'as deviné;

mais le tien doit demeurer intact... c'est ma volonté autant que la tienne... Je sais bien que tout cela te semble extraordinaire, et ça l'est en effet. Eh bien! si tu refuses de m'en croire sur parole, je te rends la tienne : dis que tu refuses de venir avec moi chercher en Italie la santé, le bonheur et la fortune qui t'y attendent... Dis cela, enfant, et n'oublie pas, si tu guéris, de faire visite au curé de Marchais.

A ces mots, Pied-de-Fer prit tranquillement un pistolet dans sa ceinture, l'éleva lentement, mais sans hésitation, et il en appuya l'extrémité du canon sur son front.

— Que faite-vous? s'écria le jeune officier.

— Rien encore, enfant : j'attends que tu te décides.

— Mais, au nom de Dieu! dites-moi qui

vous êtes ; la raison de ce vif intérêt que vous prenez à moi. Vous le savez, il n'y a au monde qu'un seul être qui puisse me faire aimer la vie, une pauvre enfant près de laquelle j'ai passé une année de bonheur, du bonheur le plus réel, le plus complet que l'on puisse goûter en ce monde, et qu'un événement déplorable m'a forcé d'abandonner. C'est au nom de cette femme, de ma Régine bien-aimée, que vous m'avez fait accepter vos services ; c'est en promettant de me la rendre bientôt que vous m'avez en quelque sorte forcé de vivre, et au lieu de me conduire à Paris, voilà que vous parlez de mettre trois ou quatre cents lieues entre elle et moi.

— C'est que, encore une fois, le temps n'est pas venu de vous réunir, et qu'en ce moment le séjour de Paris me serait encore plus funeste qu'à toi... Est-ce qu'il n'y a pas, dans ces dernières paroles, tout ce qu'il faut pour te faire deviner ce que je ne puis ni ne veux te dire? Guéris d'abord, et je jure sur ma tête de te rendre cette femme. Je l'irai chercher; je te l'amènerai de gré ou de force, morte ou vive. Désormais tu n'auras pas une volonté, tu ne formeras pas un désir qui ne puissent être satisfaits... mais, après tout, je t'ai rendu ta parole; tu es libre de refuser tout cela. Parle!

Il avait baissé son arme, mais il tenait toujours son doigt sur la détente; son visage annonçait le calme et la résignation. Adrien ne se sentit pas le courage de pousser ce malheureux à l'accomplissement du suicide auquel il paraissait si fermement résolu.

— Allons, dit-il, le sort en jeté, nous irons ensemble en Italie.

— Merci, enfant! dit Pied-de-Fer en remettant son pistolet dans sa ceinture..

Puis, allongeant la tête hors de la cabane, il appela Lambert qui parut aussitôt.

— Nous sommes prêts maintenant, lui dit-il; aide-moi donc à transporter jusqu'à la voiture monsieur le baron...

— Baron? interrompit Adrien avec l'accent de la surprise.

— Sois tranquille, reprit Pied-de-Fer, ce n'est pas un titre que je te donne; je te le prête seulement pour quelque temps; nous l'échangerons ensuite contre un autre qui sera bien à toi, car nous l'aurons payé.

Il fallut habiller le blessé, et son uniforme était tellement percé, déchiré, taché de poudre et de sang, qu'il trouva tout simple qu'on y substituât d'autres vêtements; mais il fut plus difficile de le faire consentir à mettre dans sa poche la croix d'honneur qu'il était, à juste titre, si fier de porter. Il s'y décida cependant lorsque Pied-de-Fer lui eut représenté qu'ils seraient obligés de traverser les cantonnements des armées alliées, et qu'il fallait se soustraire autant que possible aux investigations et aux tracasseries des autorités de toutes sortes, jusqu'à ce que l'on eût franchi la frontière. Le jour commençait à poindre lorsqu'ils arrivèrent au carrefour où les attendait la voiture, qui s'éloigna bientôt doucement sous la conduite de Lambert.

IV

Les enfants du feu.

La tentative qu'avait faite madame de Gastelar d'emmener Adrien à Paris n'avait été que le résultat d'une fantaisie qui, une fois satisfaite, eût promptement fait place à une autre; mais, irritée par la difficulté, cette fantaisie prit bientôt les proportions d'une passion violente. Au milieu des honneurs, des fêtes, des plaisirs de toute sorte dont elle était environnée, la marquise ne songeait qu'au jeune officier qui lui avait été enlevé, alors qu'il semblait promettre de charmer si délicieusement ses loisirs; elle voyait sans cesse ce charmant visage bruni par les fatigues de la guerre, et quelque peu amaigri par la souffrance, mais animé par les regards de flamme de beaux yeux noirs dans lesquels se peignaient si bien toutes les voluptés de l'amour. Un feu dévorant circulait dans les veines de cette femme redoutable qui eût embrasé le monde pour satisfaire une seule des passions qui fermentaient dans son cœur. Persuadée que Pied-de-Fer ne manquerait pas de venir à Paris dissiper le produit de ses brigandages, elle l'avait fait chercher activement pendant plusieurs mois; mais bientôt d'autres événements l'avaient obligée de remettre à une époque plus éloignée le soin de ses vengeances. Le marquis, arrivé au faîte des honneurs, avait succombé dans un duel; puis, à la suite du renversement du gouvernement royal, madame de Gastelar avait été contrainte d'aller chercher un asile dans l'une de ses terres la plus éloignée de Paris, et d'y attendre qu'une seconde restauration lui permît en même temps de reparaître dans le monde et de reprendre ses recherches.

Dix-huit mois s'étaient donc écoulés depuis la disparition d'Adrien et de son mystérieux protecteur, lorsque la marquise apprit, dans les bureaux du ministère de la guerre, que le jeune officier avait envoyé sa démission datée de Lyon; mais là se bornaient les renseignements que l'on avait pu lui donner.

— Oh! disait-elle parfois dans ses accès de fureur et de désespoir, avec quelle joie je donnerais la moitié de ma vie pour faire sentir à ce hideux brigand la pointe acérée de mon poignard dont il a osé mépriser les coups!... Qu'a-t-il fait de ce charmant et courageux enfant?... comment est-il parvenu à étouffer le feu qui vivifiait ce jeune cœur?... quel lien secret attache l'un à l'autre ces deux hommes si dissemblables?... ne pourrai-je jamais pénétrer ce mystère!... Par le ciel ou par l'enfer, il faut que je le découvre! deux hommes ne peuvent ainsi disparaître sans laisser des traces. La police me secondera; je donnerai un million s'il le faut pour les atteindre.

Mais la police avait alors autre chose à faire que de rechercher les voleurs, assassins, malfaiteurs de toutes sortes qui foulaient en toute sécurité le pavé de Paris et autres lieux; nouvelle Pénélope, elle passait laborieusement son temps, ainsi qu'on l'a vu dans notre premier volume, à faire et défaire de gigantesques et magnifiques conspirations, ce qui lui permettait de sauver la France assez régulièrement quatre fois par semaine. Toutefois on ne laissa pas de faire des promesses à la marquise; on prit même son argent, et l'on n'en rendit rien, afin de conserver les bonnes traditions; mais de Pied-de-Fer, dont elle avait décliné tous les noms, prénoms et pseudonymes, on n'eut garde de lui donner la plus légère nouvelle.

Henri, le valet de pied, l'homme de confiance, l'âme damnée de madame de Gastelar, s'était aussi mis en campagne. C'était un homme adroit, fin, délié, ne manquant ni d'esprit ni d'audace; quoique peu lettré, il savait beaucoup : il avait fait une étude assez profonde du cœur humain, et la pratique lui avait fait connaître que le chemin le plus sûr et le plus facile pour arriver à la fortune, consiste à flatter et à servir les passions de plus puissant que soi. Henri connaissait une grande partie des antécédents de sa maîtresse ; en s'efforçant de renouer les fils de cette lugubre et coupable odyssée, brisés çà et là par de longues réticences de sa maîtresse, il était parvenu à faire d'importantes découvertes.

— Madame la marquise, dit-il un jour à cette femme, dans le cœur de laquelle il était parvenu à lire presque couramment, peut-être le but vers lequel je marche avec tant d'ardeur pour votre service, peut-être ce but, dis-je, est-il encore éloigné ; mais j'ai maintenant la certitude d'être sur la voie.

— Il se pourrait !... oh ! parle, parle vite !... Ne vois-tu pas que l'ardeur du feu qui me consume augmente chaque jour ?..

Ne vois-tu pas que mes joues se creusent, que les rides naissantes cachées sous les boucles de mes cheveux menacent d'envahir mon front?...Je ne dors plus; mes nuits et mes jours se consument en impuissantes colères... ma voix s'altère, mes regards s'éteignent... *Je deviens laide*, Henri! conçois-tu le degré de souffrance où il faut que je sois arrivée pour que ces exécrables mots puissent sortir de ma bouche?... Parle donc! déjà l'espoir d'une vengeance prochaine me ranime et me donne une vie nouvelle.

— C'est qu'il y aura nécessairement dans mon récit des choses bien... terribles... Il faut donc que madame la marquise me permette de tout dire.

—Tout! tout sans restriction...Va, tu n'es plus mon serviteur, mais bien mon ami... ami que je ferai riche et puissant en raison de son dévoûment... Je t'écoute, Henri ; j'ai soif de tes paroles...

— Voici donc ce qui m'est arrivé : A plusieurs reprises je m'étais aperçu que, soit que madame la marquise sortît du spectacle ou de quelque réunion, un homme bien vêtu, mais à la démarche commune, aux allures grossières, suivait la voiture, d'assez loin il est vrai, mais d'un pas rapide, infatigable, qui annonçait une grande habitude des exercices violents. Deux fois cet homme s'arrêta à la porte de l'hôtel ; de la loge du suisse, je pus le voir examiner attentivement l'extérieur des bâtiments, et, autant qu'il le pouvait, l'intérieur de la cour. Je pensai qu'il y avait de ce côté quelque découverte à faire ; mais plus d'un mois s'écoula sans que l'homme reparût. Je ne pensais donc plus à lui. Avant-hier, selon mon habitude, et toujours dans l'intérêt de madame la marquise, vêtu de mes plus mauvais habits, un chapeau crasseux sur l'oreille, et une énorme pipe à la bouche, je visitais quelques-uns de ces bouges du Palais-Royal et de ses environs, qui retentissent encore du nom de Lauricot. J'avais hasardé quelques questions; les réponses avaient été insignifiantes, et je remontais l'escalier humide et graisseux de l'une de ces cavernes pour revenir à l'hôtel, lorsqu'une large et pesante main s'appuya sur mon épaule. Je me retournai brusquement, et à la lueur de la lampe fumeuse qui éclairait tant bien que mal cette partie du repaire, je reconnus l'homme qui avait, à plusieurs reprises suivi la voiture.

— Tu cherches quelqu'un ou quelque chose, me dit-il; tu es trop serré, et tu oublies que, faute de parler, on meurt sans confession.

— Que voulez-vous dire?

— Rien, sinon que les *Enfants du feu* ne demanderaient pas mieux que de devenir les *Enfants de la veuve*.

— C'est une énigme, répliquai-je.

— Eh bien! marche, et on s'expliquera plus haut.

Et comme je ne me pressais pas assez à son gré, il m'enlaça dans ses bras nerveux, et me porta tout d'un trait jusque sur le pavé de la rue. Là, il reprit :

— Plus de façons; ta marquise s'emb... s'ennuie; nous sommes dix qui l'avons vue bâiller à l'Opéra, et ça n'est pas étonnant : il lui faut des aventures au naturel; pas de poignards de ferblanc, mais de bonnes lames d'acier bien trempé... Et, sacrédieu! elle a raison : est-ce que nous avons été créés et mis au monde, nous autres, pour nous amuser avec ces joujous de petite fille ?... Dis-lui donc que les *Enfants du feu* sont à son service. Nous ne sommes que dix, mais nous avons tous, connu le *Petit-Duc ;* plus tard Pied-de-Fer nous accordait son estime... Enfin les eaux sont basses, par la raison que si nous avons des bras solides, il nous manque une tête...

— Écoutez, répondis-je à cet homme, j'ai la conviction que vous vous trompez entièrement sur le compte de la personne dont vous parlez, et dont je suis un des serviteurs ; mais cela n'empêche pas que je ne sois un bon compagnon, capable de vous rendre service. Il vous faut un chef, dites-vous ; mais Pied-de-Fer, que j'ai aussi un peu connu, moi, est-il donc introuvable ?

— Si j'avais la certitude de me tromper, dit-il en faisant un quart de conversion pour mieux me voir de face, ne fût-ce que d'un demi-point, tu ne serais pas en vie dans une minute... Mais non, reprit-il après m'avoir regardé avec attention, tu es bien l'homme de confiance de la *Petite-Duchesse*. Elle cherche Pied-de-Fer, nous le savons; pourquoi? c'est ce que le diable en personne ne pourrait deviner, car elle en sait plus que lui... N'importe, elle a besoin de quelque chose, et nous aussi; eh bien! qu'elle soit à nous, et nous serons à elle, et tout ira bien pour elle et pour nous.

— Mais, dis-je en baissant la voix de manière à ne pouvoir être entendu que de son interlocuteur qui me répondra de la sincérité de vos paroles?

— Personne; mais ce n'est pas nécessaire pour que l'on s'entende. Que la Petite-Duchesse se promène demain, vers la fin du jour, au jardin du Palais-Royal, sous les arbres, près du café de Foi. Tu pourras la suivre à distance; mais dès qu'elle aura pris le bras d'un homme qui viendra lui adresser quelques mots, il faudra t'éloigner. Maintenant, bonsoir, et à bon entendeur, salut!

— Je me proposais de faire encore quelques observations, ajouta Henri; mais déjà ce singulier personnage avait disparu.

La marquise avait écouté ce récit avec la plus grande attention; son visage s'était à plusieurs reprises couvert d'une vive rougeur, ses regards ardents s'étaient arrêtés comme deux rayons de feu sur la physionomie du narrateur.

— Et tout cela est exact? fit-elle après un long silence.

— Madame la marquise douterait-elle de mon dévoûment?

— Non, Henri, non, je n'en doute pas.

Elle se tut, appuya son visage sur ses deux mains, puis, se relevant comme un arc tendu dont la corde vient de se rompre :

— Ecoute, dit-elle, j'irai à ce rendez-vous; je prendrai le bras de l'homme dont on t'a parlé; mais tu ne me perdras pas de vue, et si je me retourne violemment vers toi, tu accourras me dégager du bras de cet homme, dusses-tu pour cela faire de sa poitrine un fourreau pour ce poignard.

— Je le ferai, madame, dit Henri en prenant l'arme qu'elle lui présentait.

— Oh! s'écria t-elle en bondissant sur le parquet, je touche au but!... Eh bien!

oui, ils ont raison ces *Enfants du feu ;* c'était le temps alors des tortures horribles et des joies immenses. Oui, je le regrette, ce temps où, après huit jours de souffrances et de privations, mon âme s'épanouissait au contact de monceaux d'or... Enfants du feu, je reviens à vous... je vous rendrai la puissance que vous avez perdue, je vous régénérerai !..... Ne me quitte pas, Henri ; l'heure approche, et il me tarde de mettre le pied sur cette terre brûlante où je dois être attendue.

Elle procéda à sa toilette sans le secours de ses femmes, et, après avoir jeté un long voile vert sur la passe de son chapeau, elle sortit de l'hôtel, à pied et suivie seulement de son confident. Un quart-d'heure après elle se promenait sous les arbres du jardin du Palais-Royal. Le soleil était couché depuis quelques minutes, les allées s'assombrissaient, et déjà Henri commençait à craindre d'avoir été pris pour dupe par quelqu'un des malfaiteurs vulgaires auxquels ce lieu et ses environs servaient ordinairement de refuge, lorsqu'il aperçut un homme coiffé d'un chapeau à larges bords qui s'approchait de la marquise; cette dernière s'arrêta d'abord, puis elle fit un pas en arrière; mais bientôt elle s'inclina doucement, et elle prit le bras que lui offrait l'homme qui l'avait abordée.

— Bravo! fit Henri en s'arrêtant un instant, ma fortune est en bon chemin.

Il suivit à distance le couple qui marchait d'un pas pressé; il le vit ainsi traverser le jardin en diagonale, gagner la rue du Lycée par l'extrémité des galeries de bois, puis la marquise et son guide montèrent une sorte de perron encaissé entre deux murs. Henri, craignant de les perdre de vue, doubla le pas; mais lorsqu'à son tour, il arriva sur la marche la plus élevée du perron, ce fut vainement qu'il chercha du regard Mme de Gastelar et le cavalier qui l'avait entraînée; ils avaient disparu.

Henri, frappé de stupeur, demeura pendant quelques instants immobile sur la dernière marche de l'escalier qu'il venait de franchir; puis enfin, il fit quelques pas en avant, s'avança dans une espèce d'allée étroite et sombre, et apercevant un petit réduit mal éclairé par une chandelle jaune et longue, placée contre les vitres, il y entra. Une vieille femme, à la démarche pesante, au visage terreux, à l'air hargneux, s'avança aussitôt du fond de ce chenil d'où s'exhalait une odeur fétide, et saisissant la porte, comme pour défendre l'entrée de cette misérable demeure;

— Combien vous en faut-il? dit-elle en plaçant la chandelle dont elle s'était armée sous le visage de Henri; afin de l'examiner plus à l'aise.

— Madame, répondit-il en reculant de deux pas à l'aspect de cette figure hideuse, je voulais vous prier de me dire...

— Encore un simple! grommela la vieille; si le guignon s'en mêle, nous ne sommes pas au bout.

— De me dire, continua le valet, où est entrée une dame qui a dû passer tout à l'heure devant votre fenêtre.

— Allez donc, innocent, répondit-elle de sa voix aigre et cassée. Je suis sourde, muette et aveugle; je donne d'une main en recevant de l'autre : il y a trente ans qu'on sait ça au Palais... En voilà un étourneau ! d'où vient-il, qu'on le ramène !...... C'est étonnant comme la jeunesse devient bête.

— Vieille furie ! s'écria ce dernier, tu comptes sans ton hôte, et tu vas voir que je ne suis pas d'humeur à me payer de mauvaises raisons. Une dame, le visage couvert d'un voile vert, est entrée ici il n'y a pas trois minutes; elle s'appuyait sur le bras d'un homme de ma taille. Puisque, selon les apparences, vous êtes la portière de cette maison...

— Portière ! portière ! interrompit la vieille dont la fureur augmentait à chaque parole de son interlocuteur, Anne Jovelet, portière !... Attends, va-nu-pieds, que je t'apprenne à vivre !

Ses deux mains sèches, osseuses, armées d'ongles noirs et crochus, s'élevèrent aussitôt à la hauteur du visage de Henri qui, déjà presque effrayé par la lueur phosphorescente que lançaient dans l'obscurité les yeux éraillés et injectés de sang de cette hideuse créature, avait fait quelques pas en arrière, et qui arriva ainsi à reculons au milieu de la petite cour qu'il avait traversée après avoir monté le perron.

— C'est donc un coupe-gorge que cette maison, dit-il en battant ainsi en retraite. Cela en a tout l'air, et nous saurons bientôt ce qu'en pense le commissaire de police, ajouta-t-il en élevant la voix.

Il avait à peine prononcé ces mots, que plusieurs fenêtres s'ouvrirent à l'étage le plus élevé de la maison, et il en partit des projectiles tels que pots à fleurs, tuiles et débris de vaisselle qui vinrent en sifflant se broyer sur le pavé de la cour. Henri, qui avait fait halte, s'empressait de tourner les talons, lorsqu'un fragment de brique l'atteignit à la tête et le renversa. Malgré la violence du coup et le sang qui s'échappait à flots de la blessure, il se releva assez promptement pour éviter de nouvelles atteintes, et il parvint à gagner la rue basse, où il étancha le sang qui ruisselait sur son visage et l'aveuglait. Il s'assit ensuite sur une borne, à quelque distance de cette maison diabolique, et songea à ce qu'il devait faire dans cette difficile circonstance. Évidemment, il n'avait menacé d'avoir recours à l'autorité que pour se donner une contenance ; il ne pouvait appeler la police à son aide sans perdre madame de Gastelar ; mais, d'un autre côté, s'il l'abandonnait dans ce repaire, n'était-elle pas également perdue, et toutes ses espérances à lui anéanties ?

Sa perplexité était grande. Enfin, il résolut, malgré la violence du mal que lui faisait la blessure qu'il avait reçue, de se placer en faction près du perron où il avait perdu de vue la marquise, et il se rassura quelque-peu en pensant que c'était là tout ce que cette dernière avait pu attendre de lui.

Plus de quatre heures s'étaient écoulées; les passants devenaient rares, la nuit était froide. Henri persistait cependant dans sa résolution, bien qu'il eût vu s'éteindre successivement toutes les lumières de cette fatale maison ; mais bientôt la douleur qu'il ressentait à la tête devint si vive qu'il reconnut l'impossibilité de demeurer là sans courir le risque de s'évanouir, ce qui eût singulièrement augmenté les embarras de sa situation.

—Après tout, se dit-il, s'il devait résulter quelque mal pour madame de Gastelar de cette démarche, ce mal est certainnement accompli, et je porte, quoi qu'il arrive, les marques sanglantes de mon dévouement. Puisque les événements sont plus forts que moi, advienne que pourra.

Et il reprit en chancelant le chemin de l'hôtel, où il arriva sans autre malencontre. Mais ce fut en vain qu'il tenta de réparer quelque peu par le sommeil ses forces épuisées, la crainte et la souffrance le tinrent éveillé ; il songeait à toutes les conséquences que devait avoir la disparition de la marquise, et son sang s'allumait, d'amers regrets lui étreignaient le cœur à la pensée de son avenir perdu. Déjà il faisait jour depuis longtemps, et il n'avait encore pu parvenir à se tracer un plan de conduite satisfaisant pour les éventualités qu'il prévoyait, lorsque Juliette vint lui dire que sa maîtresse le demandait.

— Madame la marquise est à l'hôtel ? s'écria-t-il en levant vivement la tête de dessus son oreiller.

— Sans doute, répondit la femme de chambre, qui parut fort surprise de cette question. Est-ce que madame ne passe pas toutes les nuits chez elle?.... Mais qu'avez-vous donc? ajouta-t-elle avec effroi, en apercevant le mouchoir ensanglanté qui couvrait la tête de Henri.

— Un accident.... un malheur... qui m'est arrivé hier soir, répondit-il en balbutiant. Le vent était violent; une énorme tuile m'est tombée sur la tête. J'en suis encore tout étourdi, et mes paroles doivent s'en ressentir. Dites cela à madame la marquise, ma chère Juliette; mais ajoutez que je vais néanmoins me rendre à ses ordres.

Il se leva à la hâte, tandis que Juliette retournait près de sa maîtresse.

Il est clair maintenant, se dit-il, que cette maison infernale, où l'on a failli me tuer, a deux issues, et qu'elle est la retraite ordinaire des *Enfants du Feu* ; mais que signifiaient donc les paroles de cette vieille mégère : *Combien vous en faut-il ?* Qu'importe, après tout ? Le danger est passé, et la fortune ne m'abandonne pas.

Quelques instants après il entrait chez madame de Gastelar qu'il trouva étendue sur une chaise longue. Elle paraissait accablée de fatigue ; sa pâleur était plus maladive que de coutume ; son regard paraissait éteint, et ses lèvres, comme flétries par un accès de fièvre, semblaient ne s'ouvrir qu'avec effort pour livrer passage à sa voix affaiblie. Sur un fauteuil, près du lit, étaient étendus des vêtements souillés de terre, d'huile et de cette matière visqueuse qui s'attache aux murs des lieux souterrains. C'était ceux que la marquise portait la veille, le voile vert était en lambeaux, et le chapeau, déformé, semblait avoir été foulé aux pieds. Rien de tout cela n'échappa à Henri, et il pensa que sa maîtresse avait, comme lui, failli être victime de quelque guet-apens ; aussi fut-il fort surpris lorsque la marquise lui dit, en s'efforçant de sourire :

—Henri, je vais rajeunir, car l'espérance m'est revenue. Oh! je suis forte maintenant! plus forte que je n'ai jamais été; et ma puissance doit grandir encore. C'est un peu à vous que je dois ce changement, mon ami, et ma reconnaissance ne vous manquera pas... pourvu toutefois, ajouta-elle en reprenant le ton impérieux qui lui était ordinaire, pourvu que votre dévouement et votre discrétion soient toujours les mêmes.

– Madame la marquise sait bien que ma vie lui appartient.

— Vous le dites, et je veux vous croire, en attendant que le moment soit venu de vous mettre à l'épreuve d'une manière décisive... Tenez, reprit-elle après un instant de silence et en indiquant deux rouleaux d'or placés sur son somno, prenez ceci ; c'est un faible échantillon de la manière dont je veux à l'avenir récompenser vos services.

Comme Henri faisait quelques pas pour prendre l'objet désigné, elle s'aperçut qu'il avait la tête à demi-enveloppée, et lui demanda ce qui lui était arrivé ; il raconta alors comment il avait tenté de pénétrer dans la maison où elle-même était entrée en compagnie de l'inconnu dont elle avait pris le bras.

— La vieille a son prix, dit en souriant madame de Gastelar, lorsqu'il eut fini son récit, *sourde, muette et aveugle!* Je veux pourtant qu'elle sache qu'il n'est pas prudent de tuer les gens sans nécessité... Ah! j'oubliais; prenez cette défroque et brûlez le tout sur-le-champ, sans témoins, et de manière à ce qu'il n'en reste pas de vestige.

Elle indiquait du doigt, en parlant ainsi, les vêtements souillés qu'elle avait portés la veille. Henri fit un paquet de ces objets et se retira.

— Voilà qui est tout à fait incompréhensible, se disait-il en jetant l'un après l'autre, au feu allumé dans sa chambre, robe, dentelles, châle, voile, etc., madame la marquise se dit enchantée de ce qui lui est arrivé hier soir, et pourtant tout prouve qu'elle a eu à soutenir une lutte violente,

Une simple chute n'eût pas écrasé ce chapeau, mis ce voile en lambeaux, enduit toutes les parties de sa robe de cette boue tenace qui ne ressemble pas à celle des rues de Paris... Et d'où viendrait cette fatigue dont elle paraît accablée? Ce qui me paraît hors de doute, c'est que nous touchons à quelque grand événement... Fortune, ne m'abandonne pas!

V.

Aux bords de l'Arno.

A deux lieues à l'est de Florence, près de l'Arno, et sur le penchant d'une colline, s'élève une délicieuse villa dont les jardins s'étendent jusqu'au bord du fleuve. Là, le ciel est toujours serein, et le parfum des fleurs embaume en tout temps l'air de ce paradis terrestre. Du soleil, de l'eau, de l'air, des bosquets et des fleurs, une riante habitation à la fois suave, légère, coquette, qui semble raconter au ciel les joies des mortels heureux qui l'habite, tel est l'ensemble de ce charmant séjour créé par le prince d'el, Mafiolini vers le milieu du dix-huitième siècle; restauré, embelli dans les premières années du dix-neuvième, par le comte Joanni Doria, dernier rejeton de cette illustre famille; entièrement abandonné pendant les dernières années de l'empire français, enfin acquis, au mois de juillet 1814, par un sous-lieutenant d'infanterie, Adrien Boisemont, chevalier de la Légion-d'Honneur, arrivé tout récemment à Florence, escorté d'un prétendu oncle jurant à lui seul en un jour plus que tout un régiment de dragons en une campagne, et d'un intendant qui n'entendait guère que la comptabilité du sabre et l'économie de la baïonnette.

On comprend aisément, d'après ces

faits, que le voyage d'Adrien, Lambert et Pied-de-Fer, avait été heureux, et que tous les trois étaient arrivés sans encombre dans le grand-duché de Toscane, où Pied-de-Fer, qui avait repris son vrai nom de Baillor, s'était mis tout d'abord à l'œuvre pour réaliser les promesses qu'il avait faites à son enfant d'adoption, en achetant pour lui la villa Mafiolini.

Grâce à sa jeunesse, à la constitution énergique dont il était doué, à la douceur du climat, à la pureté de l'air, et surtout aux soins d'un médecin distingué, Adrien était promptement entré en convalescence; mais cette convalescence devait être excessivement longue, et toute espèce d'émotion devait être évitée avec soin. Le jeune officier cependant insistait vivement pour que Pied-de-Fer accomplît la plus importante des promesses qu'il lui avait faites. L'ex-bandit temporisa d'abord autant qu'il le put, arguant tantôt de dispositions préliminaires importantes, tantôt de l'ordre du docteur qui interdisait toute espèce d'émotion vive.

— Non, disait Adrien dans ses moments d'exaltation, rien ne pourra me retenir ici. Reprenez vos présents; je ne veux point, à ce prix, de la fortune que vous m'offrez. Toutes les jouissances de la vie dont vous m'entourez ont pour compensation des douleurs immenses, des remords qui me tordent le cœur... Puis-je vivre en prince quand Régine... pauvre enfant, âme de ma vie! expire peut-être de douleur et de misère en m'accusant de lâcheté?

— Patience, enfant, répondait Pied-de-Fer; je n'ai pas pu prendre l'engagement de tout faire en un jour. Ta fortune est belle, la santé te revient; l'amour aura son tour. Il ne me manque maintenant que de te voir joyeux... Tiens, seulement quand je te vois sourire, il me semble que j'entre dans une vie nouvelle... Que je te voie donc bientôt noble, riche, puissant, heureux... Mille millions de diables ! mais ce bonheur complet auquel tu aspires, je donnerais ma peau, mon sang, mes entrailles pour te le procurer à l'instant même.

— D'autant plus, disait Lambert, qui assistait quelquefois à ces discussions, et qui avait voix consultative, d'autant plus qu'il y aurait économie de temps et de travaux. Je ne parle pas d'argent, parce que, sous ce rapport-là, nous pouvons donner tête baissée en plein carré sans craindre de passer au travers.

— Et cette fortune, disait le jeune homme avec dégoût, n'ai-je pas à en rougir?

— Non, sur ma tête et sur la tienne, enfant ! répliqua un jour le vieux partisan répondant à cette question si souvent formulée. Tiens, lis, continua-t-il en tirant de sa poche et présentant à Adrien une lettre timbrée de France, et dont le cachet avait été récemment brisé, lis! cela est écrit par un brave et digne homme que tu ne dois jamais oublier, le curé de Marchais.

Adrien prit la lettre et lut :

« Monsieur,

« L'homme qui, de son propre mouve-
« ment, songe et travaille, comme vous le
« faites, à racheter ses fautes et... je dois
« dire *ses crimes*, cet homme, quelle que
« soit l'immensité de ses iniquités, ne doit
« pas désespérer de trouver grâce devant
« Dieu. C'est le cas, pour lui, de se rappe-
« ler qu'il y a plus de joie dans le ciel pour
« un pécheur qui se repent que pour dix
« justes qui n'ont point failli.

« Vous me demandez mon concours
« pour dissiper les terreurs de cons-
« cience d'un jeune et brave officier à

« la conservation duquel j'ai eu le bon-
« heur de concourir, et c'est avec une bien
« vive satisfaction que je me rends à votre
« désir. En le traitant comme vous le fai-
« tes, en vous efforçant de lui faire oublier,
« par les douces joies et les plaisirs permis,
« des malheurs immérités qui lui ont
« fourni l'occasion de se grandir aux yeux
« des hommes et de Dieu; en agissant
« ainsi, monsieur, je le déclare haute-
« ment, vous ne faites qu'accomplir un
« devoir sacré, et c'est en toute sûreté de
« conscience que M. le chevalier Adrien
« Boisemond peut accepter les justes com-
« pensations dont Dieu a jugé convenable
« de vous faire, en cette circonstance, le
« dispensateur.

« Je pourrais, si vous me l'aviez permis,
« en dire davantage pour rassurer le brave
« jeune homme qui motive entre nous
« cette correspondance; mais vos secrets

« ne m'appartiennent pas, et je ne puis
« les produire sans votre autorisation.

« Fasse le ciel, monsieur, que vous per-
« sévériez dans la voie où vous êtes entré,
« et puisse M. le chevalier Boisemond se
« montrer toujours aussi digne que main-
« tenant de l'immense fortune qui l'attend,
« en en usant comme il convient à votre
« légataire universel. C'est un des vœux
« les plus ardents de votre bien dévoué
« frère en Jésus-Christ. »

A mesure qu'Adrien avançait dans cette lecture, son visage devenait radieux. Lorsqu'il eut entièrement lu, il pressa tour à tour la lettre sur ses lèvres et sur son cœur ; puis, tendant la main à Pied-de-Fer qui jusque-là avait épié ses moindres mouvements :

— Eh bien ! oui, ami, lui dit-il, j'attendrai. Voilà que je respire plus à l'aise, que je regarde sans hésiter autour de moi... Vous ne savez pas tout ce que me faisait souffrir la pensée de ne pas m'être comporté en homme de cœur et d'honneur. Maintenant il n'y a plus qu'une chose qui puisse me faire souffrir... l'absence de Régine!

— Cela s'arrangera comme le reste, enfant, je te le promets; mais, pour le moment, je ne puis bouger d'ici. Il y a là-bas trop de gens qui me connaissent... qui me cherchent peut-être. Écrire serait encore plus désastreux. Cependant j'ai songé à un moyen qui nous permettra, je l'espère, d'avoir bientôt des nouvelles de cette pauvre petite. Je le répète, l'important, c'est que tu guérisses, et pour cela il te faut des distractions, de la joie, eh bien! mille diables! qui est-ce qui empêche que tu aies cela? Est-ce que tu n'as pas de bonnes voitures qui te portent à Florence quand tu le veux? de jolies gondoles avec lesquelles tu remontes ou tu descends le fleuve à volonté?... Est-ce que tu n'es pas reçu avec distinction dans tous les palais où il te plait de te présenter? Je voudrais bien voir, sacré mille dieux! que quelqu'un de ces nobliots, de ces princes à deux mille écus de rente, s'avisât de traiter de prince à ministre un chevalier de la Légion-d'Honneur qui peut jeter un million au vent si ça lui fait plaisir!

— Il faut bien que je le répète, puisque vous l'oubliez sans cesse, Baillor, répliqua Adrien; je ne puis considérer votre fortune comme étant la mienne. Certes, la lettre du bon prêtre de Marchais m'a pleinement rassuré sur les obligations que j'ai contractées envers vous; j'ai compris une partie de cette lettre, peut-être ai-je deviné l'autre, mais je n'ai rien vu là qui m'autorise à jeter par les fenêtres l'or qui ne m'appartient pas.

— Ah! tu n'as pas vu cela? Eh bien! tonnerre du diable! si tu ne l'a pas vu là, je te le ferai voir ailleurs! Je le jure sur ma tête, et tu sais ce que valent mes promesses. Tu peux donc, en attendant, aller de l'avant et ferme sur la chanterelle. Et c'est à la condition que tu en agiras ainsi que je te promets des nouvelles de Régine.

— Je vous ruinerai donc, puisqu'il le faut, dit en souriant Adrien.

— Oh! je t'en défie, enfant! Essaie toujours, je n'en demande pas davantage quant à présent.

Pied-de-Fer avait en effet imaginé un moyen assez simple d'avoir des nouvelles de Régine sans se découvrir; c'était d'envoyer Lambert à Cologne, où il avait avec plusieurs juifs d'importants comptes à régler, et de faire de là écrire à Paris; mais plusieurs raison s'opposaient à ce qu'il mît son projet à exécution avant le printemps. Cette époque arrivée, on apprit le retour de Napoléon à Paris, événement prodigieux qui, en ébranlant de nouveau l'Europe, couvrait la terre de soldats et rendait les communications plus difficiles que jamais; il fallut donc attendre encore.

Adrien était au désespoir.

—La France reprend les armes, disait-il; l'armée va de nouveau faire des prodiges, je n'y serai point!... Avec quelle joie je donnerais maintenant tout le reste de ma vie pour recouvrer des forces qui me permissent de partir sur-le-champ! Oh! ce serait bien le cas, ami, de jeter un million au vent, comme vous dites que j'en aile droit et le pouvoir.

— Par malheur, répondait froidement Pied-de-Fer, les millions ne guérissent que de la pauvreté, et la pauvreté ne guérit de rien, au contraire !

Et comme les docteurs appelés à la villa avaient les meilleures raisons du monde pour être de cet avis, et que le jeune officier était incapable de faire deux étapes à pied, force lui fut de se résigner.

Enfin, après quelques mois, l'horizon politique s'éclaircit de nouveau, Lambert partit pour Cologne d'où fut expédiée la lettre de Pied-de-Fer à Jérésu, comme on l'a vu dans notre premier volume. La réponse du juif fut présentée triomphalement par Pied-de-Fer au chevalier, qui était alors presque entièrement rétabli, et dont elle adoucit les chagrins ; le brave garçon couvrit de baisers la signature de sa bien-aimée, dont il était bien loin de soupçonner l'abjection.

— Quoi donc maintenant, disait-il, s'oppose à ce que mon bonheur soit complet ?

— Rien, absolument rien, répondit Pied-de-Fer ; seulement, monsieur le chevalier, je vous demanderai la permission de terminer, avant de me mettre en campagne pour aller chercher votre femme, de terminer, dis-je, une petite négociation que j'ai entamée avec notre Saint-Père le pape.

—Vous négociez avec la cour de Rome ? s'écria Adrien, dont l'exclamation peignait la surprise.

— Oui, mon garçon ; c'est une petite satisfaction d'amour-propre que j'ai voulu me donner. Sa Sainteté est gênée, et je suis en train de lui prêter de l'argent.

— Quelle mauvaise plaisanterie !

— Je ne plaisante pas, enfant : l'affaire est en bon chemin ; j'ai la certitude qu'elle sera promptement terminée, car je ne demande pas un sou d'intérêt.... Mais assez là-dessus pour aujourd'hui ; je te ferai part du résultat, et tu verras que, pourvu qu'on le veuille, il n'est pas si difficile qu'on le pense communément d'aller au paradis.

— Et ensuite ?...

— Ensuite ? je te laisse à Florence, et je pars. Bien entendu, chevalier, que vous me donnerez votre parole de m'attendre tranquillement en Toscane ; j'ai des raisons pour exiger cela.

— Quand donc toutes ces réticences cesseront-elles, et me parlerez-vous à cœur ouvert ?

— Quand, enfant ? répondit Pied-de-Fer

avec une tristesse subite inexprimable, quand?... Bientôt, peut-être... Et puis, quoi qu'il arrive, le curé de Marchais ne te fera pas faute.

Or, à cette époque, le pape, de retour à Rome, après un assez long séjour forcé au château de Fontainebleau, s'occupait activement à rétablir ses affaires temporelles, et particulièrement ses finances, l'argent étant le nerf de tout gouvernement, vérité que Pie VII était trop habile pour méconnaître. Comme toujours, la cour de Rome distribuait gratuitement aux fidèles une foule de ces choses qui ne lui coûtaient rien ; mais, vu le malheur des temps, elle en vendait en outre une honnête quantité quand elle trouvait acquéreur. On ne vendait pas de duchés, de marquisats, ni de comtés, mais on vendait le droit d'en acheter, avec force indulgences plénières par-dessus le marché. Depuis quelque temps, l'attention de Pied-de-Fer s'était portée de ce côté, et il avait écrit au cardinal chargé du portefeuille des finances pour offrir au gouvernement de lui prêter un million de francs pour cinq ans et sans intérêt, à la condition que Sa Sainteté lui accorderait, à lui, toutes les indulgences imaginables, et des letttres de noblesse à la personne que le prêteur désignerait. La chose, assez simple en apparence, présentait pourtant quelques graves difficultés; mais, par la raison qu'il est avec le ciel des accommodements, Pied-de-Fer pensait que le Vatican ne serait pas plus terrible, et il attendait avec confiance le résultat de l'entreprise.

VI.

Recherches.

Vers la fin du mois de décembre 1815, un personnage sans suite, mais dont l'importance se révélait par sa manière de commander et de lever toutes les difficultés en prodiguant l'or, ce personnage, disons-nous, entrait dans Paris, et se faisait conduire à l'hôtel Meurice. C'était alors le temps où, comme nous l'avons vu plus haut, la France était assez régulièrement sauvée, de deux jours l'un, par un certain nombre de fonctionnaires spéculant sur la peur qui les tourmentait, et qu'ils faisaient aisément partager aux personnages le plus haut placés. Un voyageur arrivant d'Italie, où presque toute la famille de Napoléon s'était réfugiée, et qui commandait et payait en prince, ne pouvait manquer d'éveiller l'attention de ces chercheurs, inventeurs et perfectionneurs de conspirations.

— Ah! ah! fit-il aux premiers mots que lui adressa respectueusement le maître de l'hôtel touchant son individualité, je comprends. Tenez, voici mon passeport signé par le cardinal-ministre des affaires étrangères à Rome; vous y verrez que je suis chargé, moi, il signor Baillordini, de messages importants pour son excellence le nonce du pape. Je vous autorise à montrer ce passeport à tous les drôles de la police qui voudront le voir ; mais dites-leur bien, en même temps, que s'ils avaient l'impudence de m'interpeler en personne, monseigneur le nonce se chargerait de leur faire donner sur les ongles, et de leur montrer au besoin que les soldats du pape ne sont pas aussi manchots qu'on le croit dans votre pays de damnés.

Il n'en fallut pas davantage pour que Pied-de-Fer, que l'on a sans doute reconnu, fût désormais à l'abri des investigations que, plus que tout autre, il avait à redouter, ce qui pourtant ne pouvait le dispenser d'agir avec la plus grande circonspection pour atteindre le but qu'ils se proposait; car il n'avait pour tous renseignements sur Régine que ce qu'en avait écrit Jérésu, et il ne savait point au juste de quel pays était la jeune fille. Le plus simple eût été certainement de s'adresser à Jérésu; mais c'était en même temps le moyen le plus sûr de se faire livrer pieds et poing liés à la police, et Pied-de-Fer savait parfaitement que le juif était homme à vendre et à livrer son père pour un écu. Il résolut donc d'opérer seul, et de marcher avec précaution du connu à l'inconnu. En conséquence, le soir même de son arrivée à Paris, il se rasa avec soin, fit l'acquisition d'une perruque blonde qui le rajeunit de dix ans, s'habilla avec élégance, et, enveloppé dans un ample manteau, il se mit en campagne, et se rendit d'abord à la cour des Fontaines, où trois ans auparavant il avait laissé la pauvre Régine mourante, et la vieille Rosalie haletant au milieu de l'escalier. Là, il interrogea la portière, vieille femme assez peu ingambe, mais dont la langue était d'une agilité remarquable.

— Ah ! oui, dit-elle lorsqu'il lui eut dit l'objet de sa visite, je me souviens maintenant ; vous voulez parler de ce gentil petit ménage du bon Dieu, qui demeurait au cinquième. On disait pourtant qu'ils avaient passé devant l'église et s'étaient dispensés de faire visite à la mairie, et il paraît que c'était vrai, car ils n'ont pas bien fini, les chers agneaux...

— Fini ! dit Pied-de-Fer, la jeune femme serait-elle morte?

— Je ne dis pas ça : on ne meurt pas pour mal avoir ; mais, pas moins, si la jeune femme avait eu le courage de se périr, ça lui aurait évité bien des malheurs. Pauvre petite malheureuse ! en a-t-elle enduré ! Figurez-vous qu'après que son jeune homme l'a eu quittée, sous prétexte qu'on lui avait volé des diamants qui n'étaient pas à lui... Comme si on pouvait voler dans une maison comme celle ci, tenue et gardée au doigt et à l'œil, j'ose m'en flatter, jouissant depuis vingt ans de a confiance du propriétaire de père en fils... Oui, monsieur, vingt ans! c'était en 95, l'année du grand hiver, à preuve que ma fontaine a éclaté comme un coup de canon...

— Bien, bien; mais Régine?

— Elle était toute neuve, monsieur, dans une chemise blanche comme la neige...

— La jeune femme?

— Non, ma fontaine... Quant à la petite personne, c'est une autre paire de manches : elle est tombée malade, et sa tante, qui la soignait, a été obligée de tout vendre, tout ! jusqu'aux matelas que la vieille emportait par petits paquets dans ses poches... Et puis, après la maladie, plus de trois mois sans ouvrage, et des semaines entières sans pain ! Vous comprenez bien qu'en pareil cas n'y a pas de vertu qui tienne... d'autant que la vertu n'était peut-être pas son fort, à cette jeunesse...

— Et que sont-elles devenues ? demanda Pied-de-Fer en interrompant de nouveau la narratrice.

— Ah ! dam ! vous sentez bien que dans ces affaires-là, une honnête femme ne peut pas voir des choses qui .. parce que... c'est toujours très délicat. Tout ce que je sais, c'est que la tante et la nièce, qui n'avaient que de mauvaises loques pour se couvrir, se sont envolées un soir qu'il gelait à pierre fendre. Je les attends jusqu'à minuit ; personne ! Je me dis que sûrement elles sont allées se noyer, et je fais un bout de prière à leur intention. Mais voilà que le lendemain, vers midi, je les vois revenir mises comme des princesses ; elles me paient leur loyer tout en or, et elles déménagent le jour même, ce qui n'était pas difficile, vu qu'il n'y avait guère chez elles que les quatre murs.

— Et vous ignorez ce qu'elles sont devenues ?

— Je l'ai ignoré d'abord, et puis ensuite il y a des choses qu'une honnête femme..., d'autant plus qu'elles allaient dans des lieux que la pudeur m'empêche de nommer... Il paraît tout de même que ça allait bien : elles demeurèrent d'abord, en sortant d'ici, dans la maison des Frères-Provençaux ; puis elles allèrent se loger dans un superbe hôtel à la chaussée d'Antin. Mais, comme dit le proverbe : ce qui vient de la flûte s'en retourne au tambour. Un beau jour, la police s'est mise à leur trousses ; on les a arrêtées, et la vieille est morte en prison.

— Mais Régine ? Régine ? s'écria Pied-de-Fer en frappant avec impatience sur la petite table devant laquelle la portière était assise.

— Eh! eh! monsieur, prenez garde à ce que vous faites... Dirait-on pas que vous me l'avez donnée à garder !... Jour de Dieu ! j'aime mieux qu'elle vous soit quelque chose qu'à moi...

— Allons, ne nous fâchons pas, dit Pied-de-Fer en s'efforçant de sourire, et en tirant de sa poche quelques écus qu'il déposa sur la table. Si j'ai causé quelque dommage, je puis le réparer. Remettez-vous, ma bonne, et achevez cette histoire que vous racontez si bien.

La vieille s'empressa de poser sur les écus le tricot dont elle s'occupait, puis elle reprit :

— J'ai bien vu tout de suite que vous êtes quelqu'un comme il faut. D'ailleurs, cette pauvre petite avait tant souffert, et puis ces gueux d'hommes, sauf le respect que je vous dois, quand ça veut quelque chose, ça vous prend des airs et des manières à damner toutes les saintes du paradis..... Je ne dis pas pour ça qu'elle soit damnée, cette chère mignonne ; mais bien sûr pourtant qu'elle n'est pas précisément dans la voie du salut, vu que la bonne du premier l'a rencontrée l'autre jour aux ombres chinoises, en compagnie d'un monsieur qui avait des diamants aux doigts, une chaîne d'or en travers de la poitrine, et qui disait à chaque instant : *Yes, yes! les petites personnages il était amusant beaucoup fort,*

— Et puis? fit Pied-de-Fer.

— Et puis, mon neveu, le petit Lamberquin, un vrai Cupidon, qu'est malin comme un singe et qui est officier...

— Vous avez un neveu officier?

— En pied! au café des Mille-Colonnes, pour la fabrication des glaces, plombières, punchs à la romaine et autres ingrédiens qui demandent des hommes à talent...

— Bon, bon, je comprends. Ce neveu a vu récemment Régine?

— La semaine, dernière il lui a servi du

punch aux œufs... encore une friandise qui demande de la capacité !... Elle était dans le petit salon de Vénus, toujours en compagnie du *goddam* susdit. Enfin, pas plus tard qu'hier, vers deux heures, je l'ai vue, moi, de mes propres yeux vue, manger des petits pâtés chez Suleau, le pâtissier du perron... Encore un homme de talent, celui-là ! toujours avec son Anglais qui disait, pendant que j'achetais un biscuit pour mes serins : *Madame la pâtisse, vos petites pattes il était beaucoup fort bons.....* Ah ! ah ! sont-ils farces ces Anglais !....

— Et vous ne savez pas où elle demeure? demanda Pied-de-Fer.

— Pas précisément, mais du moment qu'elle passe tout son temps au Palais-Royal, il faut bien croire que cette chère linotte a son nid quelque part par là. On peut s'informer.

— Eh bien ! soyez assez bonne pour prendre vous-même ces informations. Il ne faudrait pas avoir l'air d'y attacher une grande importance ; cependant, les plus petits détails pourraient avoir leur prix, et je ne suis pas homme à marchander. Qnand reviendrai-je pour en savoir davantage ?

Et il ajouta quelques écus à ceux qu'il avait déjà jetés sur la table.

— Je pourrais aller après-demain porter à monsieur une réponse satisfaisante à chacune de ses questions, répondit la portière en se levant et faisant une profonde révérence.

— Non, c'est moi qui viendrai après-demain à pareille heure. Surtout que la jeune fille ne puisse pas soupçonner les démarches dont elle est l'objet...... C'est une affaire de famille qui ne doit pas s'ébruiter.

— Monsieur peut être tranquille là-dessus ; la discrétion c'est mon fort, à moi... Ah ! si je n'étais pas discrète, dans une maison comme celle-ci, avec trente locataires, dont plusieurs jolies femmes dont les maris sont en Amérique ou autres lieux plus ou moins inconnus......

— Sans doute, sans doute, interrompit Pied-de-Fer ; en vérité, c'est merveille que de trouver une loge si bien occupée..... Ainsi, c'est convenu, je reviendrai après-demain à pareille heure.

Et il partit sans attendre de réponse, de peur que l'honnête portière ne trouvât moyen de recommencer son panégyrique, qui n'eût probablement pas fini de sitôt.

— Allons, se disait Pied-de-Fer en regagnant instinctivement le Palais-Royal, la journée n'aura pas été perdue... Pauvre cher brave enfant qui m'attend à Florence, plein d'impatience et d'amour, comme cette langue de vipère t'aurait ardé le cœur, si tu avais pu l'entendre !... Oh ! il faut que tu ignores cela toujours, car je suis la cause première du mal, et tu ne me pardonnerais pas de... Allons donc ! il signor Baillordini, voilà de la capucinade indigne d'un homme de votre caractère... Comme si la vertu des femmes n'était pas une chimère rêvée uniquement par des cerveaux malades ! Il est clair que lorsque la petite reverra Adrien, qu'elle croit avoir perdu pour toujours, lorsqu'elle le reverra, dis-je, brillant de jeunesse et de santé, avec la croix-d'honneur sur la poitrine, riche, noble, et plus amoureux que jamais, lorsqu'elle le verra ainsi, elle se prendra à l'aimer plus que jamais, parce que..... J'ignore complètement le *parce que;* mais il est constant que le cœur de la femme est ainsi fait. Il ne s'agit donc toujours, en réalité, que de retrouver cette chère mignonne qui, à ce qu'il paraît, a trouvé le moyen de se rendre la vie douce quand même. Après tout, s'il en était autrement, je dois me rendre cette justice de reconnaître que ce ne serait pas ma faute; car il me semble que je l'avais admirablement préparée à ne voir la vie que du bon côté... Mais, sacredieu! qui m'empêche de pousser, ce soir, mes recherches un peu plus loin? Depuis trois ans que l'on m'a perdu de vue dans ces parages, on ne m'y reconnaîtra pas sous cette perruque de jouvenceau, et je puis sans danger visiter ces lieux où j'ai passé tant de jours... c'est-à-dire tant de nuits qui avaient bien leur prix... Et cependant, je m'étais encroûté au milieu de ces lâches coquins qui n'ont jamais le courage de leur position... Bast!

ce sont des folies de jeunesse auxquelles il ne faut plus penser ; j'étais tombé, mais j'ai rebondi si haut que le point de départ doit s'effacer... La petite, me disait ce vieux cerbère déguisé en femme, la petite prend quelquefois des glaces au café des Mille-Colonnes.... C'est d'assez bon goût ; ça annonce qu'elle s'est formée... Nous allons donc pousser une reconnaissance de ce côté.

Quelques instants après, il entrait dans d'immenses salons tout éblouissants de lumière ; là, au milieu du salon principal, siégeait, sur un véritable trône, une femme à l'air angélique, aux formes divines, vrai chef-d'œuvre de la création. Partout étincellent l'or, l'argent et le cristal ; le feu jaillit des parures des femmes qui circulent au bras de leurs cavaliers, ou qui prennent place autour des tables chargées de vases d'argent, de vermeil, admirablement ciselés, et contenant des rafraîchissements délicieux. Un provincial tombé de sa maison enfumée au milieu de ces splendeurs, eût pu se croire transporté dans un royaume de fées (1).

(1) Le café des Mille-Colonnes avait été fondé par un sieur Romain, sot, manchot, brutal, qui n'avait d'autre mérite que d'être le mari de la plus jolie femme de Paris. Les époux Romain avaient d'abord tenu le café du Bosquet, rue Saint-Honoré, sorte de cabaret, que la beauté de la cabaretière avait mis en vogue, et qui avait fait courir tout Paris. Romain, enivré d'un si grand succès, vint s'établir au Palais-Royal, où il fonda le café des Mille-Colonnes, dont le luxe dépassait tout ce qu'on avait vu jusqu'alors en ce genre. Le siége qu'occupait, en 1816, madame Romain dans son comptoir de marbre incrusté d'or, était le véritable trône de Jérôme Bonaparte, roi de Westphalie, meuble qui avait été mis à l'encan à la suite de prodigieuses vicissitudes, et qu'un admirateur de la belle limonadière avait payé dix-huit mille francs.

Le trône s'usa, la jolie femme vieillit; peu à peu les salons devinrent déserts, et le tout fut vendu par autorité de justice, moins le personnel, qui devint ce qu'il put. Madame Romain, séparée de son mari en 1822, se retira dans un couvent où elle mourut, le jour où

Pied-de-Fer circulait lentement au milieu de toutes ces merveilles, regardant attentivement les femmes, suivant du regard les hommes auxquels il trouvait quelque chose de la tournure britannique. Mais tandis qu'il observait ainsi, un personnage aux manières dégagées, et qui semblait être un habitué de ce lieu, le suivait et l'observait lui-même avec le

---

Romain lui-même expirait des suites d'une chute de cheval. Madame Romain est l'héroïne d'une chanson qui retentit sur tous les points de la France et même de l'Europe, de 1806 à 1810, et dont voici le premier couplet, que nous rapportons comme modèle de l'esprit du temps :

>Vénus a donc quitté Cythère,
>Pour choisir un autre séjour;
>De l'amour cette aimable mère
>A Paris réside en ce jour.
>« Viens, suis-moi, dit-elle au mystère,
>« Car tu sais garder un secret :
>« Je veux être limonadière
>« Du joli café du Bosquet. »

Suivaient quatre strophes de la même force, dont nous jugeons convenable de faire grâce au lecteur.

plus grand soin. Pied-de-Fer, après avoir tout examiné, alla s'asseoir à l'un des angles du salon principal. Presque en même temps, l'homme qu'il n'avait pas remarqué vint s'asseoir près de la table voisine de celle devant laquelle s'était placé ce protégé du pape d'une espèce peu ordinaire. Alors les regards de Pied-de-Fer tombèrent pour la première fois sur le visage de cet homme ce qui lui causa une sorte d'émotion dont il chercha à se rendre compte.

— J'ai vu cela quelque part, se disait-il tout en buvant à longs traits le punch qu'il s'était fait servir; mais où? Il m'est impossible de me le rappeler. Après tout, il n'y a rien là de bien extraordinaire, car j'ai probablement vu et connu la plus grande partie des gens qui fréquentent ces parages... C'est qu'il me regarde avec une persistance... Sacré mille diables! je n'ai pas non plus les yeux pourris, et je veux le lui faire voir.

Tous deux, dès lors, s'observèrent réciproquement avec une grande attention ; mais la patience ne tarda pas à manquer à Pied-de-Fer, et il se disposait à interpeler assez rudement son voisin, lorsque celui-ci, qui venait de payer sa consommation, se leva, marcha rapidement vers la porte, et sortit.

— Je m'en doutais, se dit alors il signor Baillordini, cet homme n'est qu'un curieux désœuvré. D'ailleurs, s'il en était autrement, il en serait pour ses frais, car il ne me rencontrera certainement pas deux fois au même endroit.

Il sortit à son tour, et, remontant la galerie, il arriva bientôt au péristyle donnant sur la rue Beaujolais. Comme il marchait lentement, regardant autour de lui à la manière des provinciaux pour qui tout est nouveau, un homme vêtu d'une redingote dont le temps et la crasse avaient détruit la couleur primitive, et la tête couverte d'un chapeau jadis noir, et tournant maintenant au roux fauve; cet homme, disons-nous, qui semblait tourner autour des noires colonnes de ce lugubre lieu, s'approcha le dos voûté, le cou tendu et les mains garnies d'objets qu'on ne pouvait distinguer.

— Messié, fit-il en même temps d'une voix sépulcrale et traînante, foulez-vous ajeter guelgue jose?.... c'haffre tes cholis bedits insdruments...

— Jérésu! se dit mentalement Pied-de-Fer en jetant sur son épaule un pan de son manteau de manière à s'en couvrir à moitié le visage, ah! mauvais coquin, quel plaisir j'aurais à te briser les os! Car tu as menti et tu as fait un faux en me répondant à Cologne, je n'en saurais douter maintenant. Or, on peut pardonner à un homme fort, alors même qu'il abuse de sa force, mais être berné par un hideux animal de cette espèce, c'est à s'en ronger les poignets jusqu'aux coudes. Patience ! misérable pourceau, tu ne perdras pas pour attendre.

Et comme le juif avançait toujours, dardant les regards de ses yeux de chat à travers les ténèbres ; Pied-de-Fer fit brusquement un demi-tour, et malgré le vent du nord qui couvrait les arbres de givre, en sifflant au travers des branches, il gagna le milieu du jardin qui était presque entièrement désert. Déjà, tout en marchant lentement, il était arrivé au méridien, et l'obscurité devenant à chaque instant plus profonde en cet endroit surtout, où les lumières des boutiques ne pouvaient pénétrer, il se disposait à regagner la galerie de l'ouest, à la hauteur du café Corazza, lorsqu'un léger bruit partant des treillages qui garnissaient le derrière des galeries de bois, attira son attention; il fit demi-tour de manière à être masqué par le dernier arbre de la contre-allée, et il écouta.

— C'est lui, j'en suis sûre! disait une voix qui ressemblait à un souffle poussé par la rage à travers des dents égales, courtes et serrées.

— Non, répondit une autre voix; j'ai vu celui-ci de près, il y a une heure, et je me suis assuré que vous étiez dans l'erreur.

— Les lâches! reprit la même voix basse et sifflante, ils le laisseront échapper!

— Eh bien! faut-il frapper?

Pied-de-Fer dégagea son bras droit de dessous son manteau, saisit un poignard court, fin et acéré, et il s'avança lentement mais sans hésiter vers l'endroit d'où lui avaient semblé venir les voix ; mais malgré tous les efforts qu'il fit pour percer l'obscurité, il ne vit personne. Après s'être arrêté un instant, il longea les treillages qui défendaient l'entrée des jardinets entretenus par les boutiquiers des galeries de bois. Un instant il crut entendre un bruit de feuilles sèches froissées sous des pas précipités ; il s'appuya alors contre le treillage, très serré en cet endroit, et s'y cramponnant des mains et des pieds, il essaya de regarder de l'autre coté. Le bruit avait cessé, et les jardinets étaient déserts.

— Est-ce que par hasard je serais devenu peureux ? se dit en souriant l'ex-bandit en revenant sur ses pas. Vraiment, cela en a un peu l'air. La peur rend bête, et je n'avais pas le sens commun de croire que ces personnages invisibles s'occupaient de moi. Ma présence à Paris ne peut intéresser que la police, et si elle en était instruite, elle ne ferait pas de façons pour s'emparer de ma personne. Au diable les sottes terreurs ! J'espère bien d'ailleurs ne pas faire un long séjour ici, donc le danger, si danger il y a, sera bientôt passé.

Pied-de-Fer, malgré ce raisonnement, ne laissa pas de prendre toutes les précautions imaginables pour ne pas être reconnu. Ainsi, à l'exception de la visite qu'il lui fallait faire au nonce du pape, chez lequel il se rendit dans une voiture bien fermée, il ne sortit point pendant le jour suivant ; il évita même de se montrer trop souvent à son hôte, et il ne voulut être servi que par un seul domestique. Le lendemain, lorsque s'approcha l'heure du rendez-vous donné par la portière de la cour des Fontaines, il eut soin de prendre un costume différent de celui qu'il avait porté la veille; il anima son visage bistre d'une légère teinte de rouge, ajusta avec beaucoup de soin sa perruque blonde, puis, la tête couverte d'un chapeau à larges bords, il sortit à pied malgré la pluie fine et glacée qui commençait à tomber. Quelques minutes après, il arrivait au Palais-Royal par la rue Montpensier. Le chemin le plus convenable pour se rendre de là à la cour des Fontaines eût été l'une des galeries de bois; mais ces galeries, à cette heure, étaient resplendissantes de lumière et encombrées de promeneurs, deux choses que Pied-de-Fer s'était, comme nous venons de le dire, promis d'éviter autant que possible. La grande cour lui offrait encore une voie de communication directe; mais le souvenir de ce qui était arrivé l'avant-veille, dans le jardin, le poussa presque à son insu de ce côté, et, comme pour se prouver à lui-même que la peur ne pouvait avoir prise sur lui, il se mit en devoir de traverser le jardin en marchant au plus près possible du treillage entremêlé d'arbustes et de plantes grimpantes desséchées, derrière lesquelles il lui avait semblé entendre les paroles et le bruit de pas qui lui avaient faire mettre le poignard à la main.

Tout, de ce côté, était sombre et silencieux. On n'entendait au loin que le roulement des tambours du Sauvage, établi dans un caveau près de la Rotonde, et faisant à lui seul concurrence aux six aveugles du caveau voisin. A ce roulement incessant se mêlaient les clameurs, les cris de joie, les exclamations de toutes sortes de snymphes éparpillées aux quatre points cardinaux de cet immense bazar. Puis, un bourdonnement continu partant des rangs serrés des promeneurs :

— Qu'il fût question de moi ou d'un autre, se disait involontairement l'ancien chauffeur, les paroles que j'ai entendues ici n'en sont pas moins étranges.

Il fit encore quelques pas, puis il s'arrêta brusquement. Il venait d'entendre de nouveau ce bruit de feuilles mortes froissées qui, une première fois, avait si fort éveillé son attention.

— Justement je suis au même endroit, se dit-il.

Il s'approcha davantage du treillage, et il y touchait presque lorsqu'une petite barrière s'ouvrit : avant que Pied-de-Fer eût le temps de se reconnaître, une sorte de sac en cuir lourd et épais lui tomba sur la tête et l'emprisonna jusqu'à la ceinture ; l'ouverture du sac se resserra alors si violemment, que l'ex-chauffeur perdit la respiration avant d'avoir pu pousser un cri; il n'entendait plus rien qu'un sourd bourdonnement; sa langue se dilatait; il lui semblait que ses yeux sortaient de leurs orbites. Il essaya pourtant encore de se défendre en lançant ses pieds en avant et en arrière; mais ce dernier effort acheva d'épuiser ses forces, il tomba, se roula un instant sur la terre froide et humide, puis il s'évanouit.

VII.

Opérations souterraines.

Lorsque Pied-de-Fer reprit connaissance, il était dans une vaste salle souterraine, éclairée par une lampe attachée à la voûte. En regardant autour de lui, il aperçut, à l'extrémité de cette salle, une femme entourée de plusieurs hommes qui semblaient tenir conseil; puis, çà et là, des pioches, des pinces, des tonneaux vides et des monceaux de terre nouvellement remuée. Il tenta de faire un mouvement, mais il avait les mains fortement liées sur le dos, et ses jambes étaient également garrotées. Il parvint pourtant à s'asseoir sur le sol où il s'était trouvé étendu, et ses regards s'étant de nouveau dirigés vers le groupe de personnages qu'il n'avait d'abord fait qu'entrevoir, il reconnut la marquise de Gastelar, et successivement tous les hommes qui l'environnaient.

— Ah! tonnerre du diable! s'écria-t-il en faisant d'inutiles efforts pour briser ses liens, si j'avais seulement un bras de libre, comme je vous apprendrais à vivre, vils crétins. Quant à vous, ma belle, qui vous avisez de jouer au roi détrôné, je vous préviens que vous ne jouirez pas longtemps de votre victoire. Je ne sais où je suis, mais j'ai des amis plus fidèles que vous, lâches que vous êtes ; ils me cherchent maintenant, j'en suis sûr ; ils me trouveront, quelque profonde que soit la retraite où vous m'avez mis, et alors malheur à vos os à tous.

Les hommes, qui semblaient s'entretenir à demi-voix, se turent, et il se manifesta parmi eux une sorte d'hésitation. La marquise, qui avait son poignard à la main, bondit au milieu d'eux en s'écriant d'une voix altérée par la fureur :

— Il vous appelle lâches, et il a raison, puisque vous hésitez à le tuer, lui qui vous eût livrés tous, si, grâce à moi, vous ne l'eussiez prévenu. Quoi ! après des travaux inouïs nous touchons au succès de l'entreprise la plus hardie, entreprise qu'il vous eût fallu abandonner, si je n'étais venue à votre aide ; encore quelques heures, et vous pourrez entrer dans les caves de la Banque de France, vous partager les millions qui y sont déposés, et vous tremblez devant un homme qui vous menace !..

C'était en effet à l'exécution de cet audacieux projet que travaillaient ces hardis coquins, débris de la bande de chauffeurs connus sous le nom d'*Enfants du Feu*, et qui avaient tous fait partie des partisans commandés par Pied-de-Fer.

Anne Jovelet, la mère d'un de ces hommes, était une ex-tricoteuse de la Convention, une de ces furies qu'aux mauvais jours de notre révolution on appelait les *aboyeuses de guillotine*, et dont les fonctions, secrètement et largement rétribuées, consistaient à suivre les charrettes qui conduisaient à l'échafaud les victimes de la terreur, et à accabler ces malheureux d'injures et d'imprécations, pour éviter que le peuple s'émût en leur faveur. Elle avait, à cet horrible métier, gagné assez d'argent pour acheter la maison où, depuis trente ans, elle faisait métier de vendre, aux nymphes du Palais-Royal et des environs, du rouge, du blanc, du bleu, du noir, toutes sortes de cosmétiques, objets de toilette secrète, etc. Cette maison, située rue de Valois, avait une issue secrète sur la rue Neuve-des-Bons-Enfants. C'était là que s'étaient réfugiés, en arrivant à Paris, en 1814, un assez grand nombre des hommes licenciés par Pied-de-Fer dans la forêt de Fontainebleau. Tous étaient alors chargés d'or, et Jovelet, un d'eux, n'avait pas eu beaucoup de peine à déterminer sa mère à donner asile à tous ceux de ses compagnons qu'il avait réunis. Les autres locataires avaient été renvoyés, et tout alla à merveille tant que l'argent ne manqua pas, c'est-à-dire pendant près d'une année. Les finances ayant commencé à manquer, on avait fait quelques expéditions dans le genre de celles qu'avait commandées autrefois le Petit-Duc, et, plus récemment, Pied-de-Fer; mais l'ordre, qui se rétablissait sur tous les points de la France, rendait ces expéditions de plus en plus difficiles et dangereuses. Ce fut alors que l'une des fortes têtes de cette fraction de bande conçut le projet de pénétrer dans les caves de la Banque de France, à l'aide d'une galerie souterraine qui, partant des caves de la maison Jovelet, lesquelles étaient très profondes, aboutirait sous les bâtiments de la Banque, en traversant le jardin de cet établissement dans sa partie la plus étroite, et en passant sous la rue Neuve-des-Bons-Enfants. Ce projet ayant été mûrement examiné, discuté et adopté, on avait réuni le plus d'argent possible et l'on s'était mis à l'œuvre. Trois ou quatre fois par semaine, une de ces énormes charrettes servant au transport des vidanges de Paris, s'arrêtait vers le milieu de la nuit, tantôt devant l'entrée principale de la maison Jovelet, rue de Valois, tantôt devant l'issue qu'elle avait en face du jardin de la Banque de France; des hommes chargeaient ces charrette de ces sortes de tonneaux appelés *tinettes*, et qui, depuis des siècles, ont le privilége d'asphyxier quotidiennement les Parisiens, privilége dont n'usaient pas celles-ci, par la raison qu'elles ne contenaient que de la terre provenant de la galerie souterraine en cours d'exécution.

Tout alla bien d'abord; on travaillait avec ardeur, et quelques soirées seulement étaient consacrées au plaisir. La galerie était déjà arrivée jusqu'au mur d'enceinte de la banque lorsque l'argent manqua. Les travailleurs reconnurent en même temps la nécessité d'avoir, dans la place où ils voulaient pénétrer, des intelligences, afin de ne point être exposés à faire fausse route, le point vers lequel ils devaient se diriger ne leur étant pas positivement connu. En conséquence, les travaux avaient été suspendus, et tous les compagnons s'étaient mis en campagne afin de retrouver Pied-de-Fer ou quelque autre chef des anciennes associations dont ils avaient fait partie, et dont les ressources fussent suffisantes pour mener à bonne fin cette entreprise pour l'exécution de laquelle ils n'avaient pas d'abord suffisamment calculé leurs forces et leurs ressources.

Tel était le concours d'événements qui avaient amené la rencontre d'un *des Enfants du Feu* avec Henri, l'homme de confiance de la marquise, et qui avait déterminé cette dernière elle-même à se faire la protectrice de ces hommes dont elle connaissait l'audace et l'énergie, et qu'elle voulait mettre au service de son amour et de sa vengeance, passions qui, plus que jamais, lui brûlaient le cœur.

Ces explications étaient nécessaires pour faire comprendre au lecteur la scène dont nous avons esquissé une partie au commencement de ce chapitre, et quelques-unes de celles qui l'ont précédée; cela explique comment madame de Gastelar s'était laissée entraîner dans cette maison de la rue de Valois, où Henri avait presque en même temps été si rudement accueilli. Initiée, dès ce soir-là même, à tous les nouveaux travaux de ses anciens complices, la marquise n'avait pas hésité à leur promettre aide et protection, à la condition qu'ils lui seraient dévoués désormais, et la serviraient dans ses entreprises particulières avec autant d'ardeur que s'il s'agissait des intérêts de l'association entière. A partir de ce moment, l'argent ne manqua plus aux gens de la maison Jovelet, de même que le concours de ces gens fut acquis à la marquise. De tout cela était résulté la découverte de la présence de Pied-de-Fer à Paris et son enlèvement.

Revenons maintenant à la situation dans laquelle se trouvaient ces personnages enfermés dans la cave de la maison Jovelet. Pied-de-Fer est là pieds et poings liés, assis sur le sol ; la marquise, entourée des Enfants du Feu, gourmande ces derniers et leur reproche leur lâcheté, parce qu'ils hésitent à tuer l'homme qu'elle regarde comme son plus cruel ennemi. Pendant que cela se passe, plusieurs escouades d'agents du service dit de sûreté, sortent d'un bouge dont nous avons déjà parlé, et qui servait de repaire à la brigade entière dans la petite rue Sainte-Anne, près de l'arcade de la cour de la Sainte-Chapelle. L'une de ces escouades gagne le quai des Orfèvres, traverse le pont Neuf, la place de l'École, et arrive à la rue de Valois, après avoir traversé le Louvre et parcouru la rue Froidmanteau ; une autre se dirige vers le même point en passant par la rue Croix-des-Petits-Champs, la place des Victoires et le passage Radziville ; enfin une troisième, après avoir traversé le cloître Saint Honoré, débouche dans la rue de Valois par la cour des Fontaines.

Minuit sonnait à l'horloge du Palais-Royal et à l'église des Petits-Pères au moment où ces trois corps d'armée faisaient leur jonction devant les fenêtres des cuisines du café Valois.

— Attention à l'ordre, dit le chef, d'une

voix sourde, après avoir réuni tout son monde. Toi, Roupelon, tu vas frapper là, tu vois, à cette porte vitrée, au-dessus de l'escalier de pierre où tu vois briller quelque chose qui ressemble à une chandelle ; tu demanderas du rouge, du bleu, du blanc, toutes les couleurs qui te passeront par la cervelle, et tu tâcheras de saisir la vieille par le cou et de l'étrangler avant qu'elle ait pu faire un mouvement.

— Eh! fit Roupelon, une vieille femme, vous croyez donc que c'est si facile à conduire? Ah bien! oui, c'est plus coriace que le diable. J'ai presque coupé le sifflet à la dernière qui est passée par mes mains avant d'avoir pu en obtenir un *oui* ou un *non*.

— Mais il ne s'agit pas d'obtenir quelque chose ici, reprit le chef. Il faut seulement examiner les lieux et la personne en question; puis, quand tu auras bien examiné, de saisir la vieille et de faire le signal.

— Et si je la tue en la saisissant?

— Ça te regarde; mais il est certain que dans tous les cas, les bêtes mortes sont muettes, ce qui est très rassurant.

— En avant donc, dit Roupelon, je me risque.

Et il se dirigea vers la maison indiquée.

Cependant la situation de Pied-de-Fer était des plus terribles; la marquise, maintenant, commandait à ces gens dont il avait été le maître; elle leur ordonnait de le tuer, et elle se montrait très disposée, en cas de refus, à séparer sa cause de la leur.

— Quoi! reprenait-elle avec rage, vous

hésitez encore?... Arrière donc, infâmes! je me ferai justice moi-même!

Elle avait à peine prononcé ces paroles qu'un coup de sonnette fit retentir la voûte souterraine.

— Chut! silence! signal de la mère Jovelet; dirent en même temps tous les hommes qui entouraient cette furie.

— Raison de plus pour ne pas hésiter, misérables!

La sonnette s'agita alors avec une violence extraordinaire; c'était le cri d'alarme.

— Au large! au large! crièrent les hommes, où nous sommes perdus!

— Oui, au large, répéta la marquise.

Et s'élançant vers Pied-de-Fer, d'un coup de son poignard elle le fit retomber sur le sol humide en même temps qu'un de ses complices brisait la lampe suspendue à la voûte. Au bruit causé par ces violences succéda celui de pas pressés, puis il se fit un assez long silence. Pied-de Fer, qui n'avait été que légèrement atteint par le poignard de madame de Gastelar, se releva promptement; par un effort désespéré il parvint à briser les liens qui lui serraient les poignets, puis il se débarrassa de ceux qui lui liaient les jambes, et porta les mains à ses poches pour y prendre les armes qui ne le quittaient jamais; mais il reconnut qu'on lui avait tout enlevé pendant son évanouissement, armes, papiers, bourse. Il cherchait à tâton autour de lui afin de se faire une arme de quelqu'un des instruments qu'il avait aperçus sur le sol, lorsqu'un bruit de pas se fit entendre de nouveau en même temps qu'un cliquetis d'armes. Presque aussitôt des coups violents retentirent à l'une des extrémités de la salle souterraine, et Pied-de-Fer ayant dirigé ses regards de ce côté aperçut une lumière assez vive à travers les ais mal joints d'une lourde porte.

— Ouvrez, au nom de la loi dit une voix forte et grave.

— C'est la police et la force armée, je suis perdu! se dit Pied-de-Fer, qui venait de s'armer d'une pince. Mais cette pièce doit avoir une autre issue, puisque tous ces lâches gredins ont pu prendre la fuite.

Et, protégé en cela par les rayons lumineux qui arrivaient jusqu'à lui, il chercha cette issue ; mais il n'avait encore rien découvert lorsque la serrure de la porte céda sous les coups du lourd marteau dont était armé l'un des hommes qui se faisaient entendre : dix soldats, la baïonnette au bout du fusil, et une vingtaine d'agents de police entrèrent aussitôt. Pied-de-Fer entouré, sommé de se rendre, et reconnaissant l'impossibilité de résister, jeta la pince de fer qu'il avait prise, et déclara qu'il n'avait pas l'intention de se défendre, et qu'au contraire il remerciait la Providence qui lui envoyait des libérateurs.

— Car, ajouta-t-il, en s'adressant au commissaire qui commandait cette expédition, vous reconnaîtrez aisément, monsieur, que, loin de faire partie des malfaiteurs que vous cherchez, je suis une de leurs victimes. Ils allaient m'assassiner lorsque vous vous êtes fait entendre. Voici les liens dont je suis parvenu à me débarrasser, et dont mes poignets et mes jambes portent les marques sanglantes.

Un premier coup de poignard m'a même été porté, et m'a blessé à l'épaule droite, comme vous pouvez le voir.

Il avait à peine achevé de parler, qu'un homme de haute taille, qui se tenait près du commissaire, prit un flambeau des mains d'un agent, s'approchant vivement du plaignant :

— Bien joué, s'écria-t-il; mais chacun son métier. Ne bouge pas, Pied-de-Fer! ou au premier mouvement suspect, tu es mort!

L'ex-chauffeur comprit alors que ses protestations seraient inutiles, et comme d'ailleurs, soit qu'il prouvât ou qu'il ne prouvât point sa non complicité dans cette affaire, il n'en était pas moins de bonne prise, il ne répliqua point, et se laissa de nouveau lier les mains.

Cependant on cherchait de tous côtés l'issue par laquelle avaient pu passer les autres malfaiteurs. A l'une des extrémités de cette cave, on trouva un puits, sur le bord duquel s'appuyait l'extrémité d'une échelle; deux hommes bien armés et munis de flambeaux, s'engagèrent courageusement dans cette voie. Au fond du puits, s'ouvrait une galerie qu'ils parcoururent. C'était le chemin par lequel les complices de madame de Gastelar espéraient arriver aux caves de la Banque de France; mais, ainsi que nous l'avons dit, cette galerie n'était pas achevée, et les chercheurs n'y trouvèrent que des outils de mineurs. Enfin, un des soldats qui sondait les murs de la salle souterraine, en frappant avec la crosse de son fusil, fit tourner sur elle-même une énorme pierre qui, en se déplaçant, donnait issue dans la cave de la maison voisine; mais ce fut vainement que l'on dirigea les recherches de ce côté ; il s'était écoulé assez de temps pour que les fuyards fussent hors d'atteinte. Il fallut donc que l'on se contentât de la capture de Pied-de-Fer et de la mère Jovelet, laquelle jurait ses grands dieux qu'elle était l'innocence même.

Cependant la marquise était de retour chez elle, où elle s'occupait à déchiffrer les papiers trouvés sur Pied-de-Fer ; elle trouva parmi eux la lettre écrite par Jérésu, envoyée à Cologne, et expédiée de là à Florence. Plusieurs autres lettres étaient écrites en italien, et madame de Gastelar entendait fort peu cette langue ; mais toutes étaient adressées à la villa Mafiolini ; plusieurs étaient datées de Florence, et ces dernières ne portaient point de timbre, donc elles avaient été envoyées par une autre voie que celle de la poste ; or, comme ces dernières portaient des dates fort rapprochées l'une de l'autre, la marquise en conclut que la villa Mafiolini était située près de Florence, puisque des lettres étaient envoyées presque chaque jour, par un exprès, de cette ville aux habitants de la villa. Cette découverte lui fit oublier le danger auquel elle venait d'échapper, et tous ceux qu'elle pouvait courir encore si quelqu'un de ses complices était arrêté.

— A Florence! disait-elle dans l'excès de sa joie en froissant contre son cœur ces lettres qui devaient servir à l'accomplissement du désir le plus ardent qu'elle eût jamais ressenti. C'est à Florence qu'il l'a conduit, c'est là que je vais le revoir; qu'importe le reste!... Mort ou vif, d'ailleurs, cet implacable Pied-de-Fer est maintenant entre les mains de la justice, je n'ai donc plus à le redouter... Ame de ma vie, je vais te revoir!... Que je te serre dans mes bras, que le feu de tes lèvres brûle de nouveau mes lèvres, que nos âmes se confondent, et que le ciel et la terre s'abîment ensuite afin que je meure dans toute l'ivresse du bonheur !

Elle passa le reste de la nuit à faire ses préparatifs de départ. Un peu avant la fin du jour elle fit appeler Henri.

— Je vais partir, lui dit-elle ; peut-être que le voyage que je vais faire durera longtemps. Je vous écrirai pour vous donner des instructions, et vous faire connaître le lieu où vous devez m'adresser vos réponses. Aujourd'hui même les hommes que vous savez.... les Enfants du Feu, puisque déjà vous les connaissez sous ce nom, se présenteront ici ; car il est arrivé une catastrophe : la justice a voulu se mêler de leurs affaires ; leur liberté est menacée. Il pourrait même arriver que la mienne le fût un peu plus tard, et c'est surtout au courant de tout cela que vous devez me tenir. Vous direz à ces hommes que, quoi qu'il arrive, je ne les abandonnerai point, que je veille sur eux ; mais que, pour que ma protection soit efficace, il faut que je m'abstienne de les voir pendant quelque temps... Tenez, il y a dix mille francs dans ce sac ; vous leur remettrez cette somme en leur recommandant la plus grande prudence. Quant à votre fortune à vous, Henri, elle est dès aujourd'hui assurée. Allez maintenant, et faites en sorte que les chevaux de poste soient ici au point du jour

Une heure après, et tandis que l'on écrouait Pied-de-Fer à la prison de La Force, où il avait été conduit avec toutes les précautions imaginables, la marquise de Gastelar roulait vers l'Italie.

VI.

Deux amours.

Adrien était maintenant plein de vigueur et de santé; il attendait avec impatience le retour de Pied-de-Fer; mais il ne doutait pas que ce dernier lui tînt parole, et son cœur battait délicieusement à la pensée qu'il allait enfin revoir Régine, cette douce et charmante enfant qu'il aimait si tendrement, et loin de laquelle il avait tant souffert depuis près de trois ans.

— Allons, se disait-il un matin en endossant son habit de chasse pour aller courir la campagne, distraction qu'il préférait à toutes les autres, encore quelques jours, et je jetterai pour longtemps cette casaque aux orties. Voilà bientôt un mois que mon vieil ami est parti, et six semaines sont le maximum qu'il s'est accordé à lui-même... Ah! ce sera bien alors que je pourrai me croire l'enfant gâté de la Providence!

Et tout en achevant sa toilette de chasse, il donnait carrière à une foule de pensées de ce genre, lorsque Lambert parut il était pâle; la plus vive émotion se peignait dans tous les traits de son visage.

— Que t'est-il donc arrivé, mon brave ami? s'écria le jeune homme en s'avançant à sa rencontre et lui tendant affectueusement la main :

— Monseigeur, répondit-il, il faut que je quitte votre altesse, et...

— Oh! mon vieux Lambert, fais-moi grâce, je t'en prie, de ces qualifications ridicules ; je veux qu'il soit bien entendu, une fois pour toutes, qu'entre nous il n'y a de *monseigneur* et d'*altesse* que pour rire.

— Telle est votre volonté, monseigneur, je le sais; mais permettez-moi de rappeler à votre altesse que j'ai juré à Pied-de-Fer, c'est-à-dire au signor Baillordini, de lui obéir jusqu'à la mort, et il m'a ordonné de ne jamais oublier qu'en vous adressant la parole je parlais au prince de Mafiolini.

— Allons, soit! j'avalerai l'*altesse* et le *monseigneur* en riant ou en faisant la girmace, selon les circonstances; mais tu parles de me quitter, et, sur ce point, je le déclare positivement, je ne veux rien entendre.

— Il faut pourtant que vous consentiez à cela, monseigneur.

— Oh! sacredieu! voilà qui est trop fort! Puisque je suis ton *seigneur*, tu dois m'obéir, n'est-ce pas? Eh bien! je t'ordonne de rester près de moi pour y faire tout ce qu'il te plaira... Te voilà bien attrapé, n'est-il pas vrai, mon bon Lambert?

— Monseigneur oublie que je dois d'abord obéissance à un autre qu'à son altesse.

— Bon, bon, qu'à cela ne tienne, je me charge d'arranger toutes ces peccadilles avec mon bon Pied-de-Fer...

— Il signor Baillordini, s'il plaît à votre altesse.

— Soit, soit! j'arrangerai tout cela dès qu'il sera revenu. Ainsi n'en parlons plus, et reste.

— Mais, monseigneur, reprit Lambert d'une voix de plus en plus altérée, peut-être que si je restais il ne reviendrait plus.

— Que dis-tu? s'écria Adrien en changeant de visage, comme s'il eût senti un fer rouge lui traverser les entrailles, ne plus revenir, lui! Oh! c'est impossible, à moins qu'il ne meure!

— Et peut-être aussi mourrait-il, monseigneur, répliqua Lambert avec l'accent de la plus amère douleur.

En entendant ces dernières paroles, Adrien lança loin de lui l'équipage de chasse qu'il était occupé à examiner avec une certaine attention, et se redressant avec vigueur :

— Que voulez-vous dire, Lambert? s'écria-t-il ; lui, mon père d'adoption, ne plus revenir! Donner sa vie pour satisfaire quelqu'une de mes fantaisies !... Oh! non, non! je ne le veux pas... C'est que, vois-tu, Lambert, il y a maintenant entre lui et moi un pacte de vie et de mort... Et pourtant tous ses secrets ne sont pas les miens!...

— C'est pour cela que je dois me mettre en route sans en dire davantage, monseigneur. Que votre altesse ne cherche donc pas à me retenir, que surtout elle ne m'ordonne pas de rester ; car, à mon grand regret, je serais dans la nécessité de vous désobéir.

Adrien croyait rêver; il passa à plusieurs reprises sa main droite sur son front mouillé d'une sueur froide.

— Pardieu! dit-il après quelques instants, c'est une singulière destinée que la mienne! Je n'ai pas connu mon père; j'étais encore bien jeune, j'avais douze ans à peine, lorsque ma mère, jeune et belle! je m'en souviens, mon Dieu! disparut tout à coup, m'abandonnant dans un hôtel garni. De braves gens eurent pitié de moi et me vinrent en aide; d'incroyables événements s'enchaînèrent, et voilà que le pauvre orphelin est devenu prince par la grâce de notre saint père le pape!... Tout cela est-il donc bien vrai? N'est-ce pas plutôt du délire, de la folie?

— Non, non, répondit Lambert; tout cela est vrai, tout cela est positif, et vous saurez, quelque jour, le pourquoi de toutes ces choses qui paraissent maintenant si extraordinaires à votre altesse... Mais pour que vous le sachiez, monseigneur, il est indispensable que je parte à l'instant même.

— Allez donc, mon ami, je ne vous retiens plus; mais n'oubliez pas que vous me laissez ici l'âme navrée, et ne manquez pas de dire à mon père d'adoption, que vous allez rejoindre sans doute, que je l'attends, et que, depuis son départ, je compte les secondes. Mon Dieu! je croyais être si près de la fin de mes maux!

Lambert s'inclina, et il sortit triste et silencieux. Car, lui aussi, cet homme de sang, ce complice des plus grands coupables du siècle qui commençait, lui aussi s'était en quelque sorte régénéré. En quittant Adrien, il s'empressa de jeter dans un sac de nuit du linge, quelques vêtements indispensables, et il se rendit en toute hâte à Florence, d'où il fit immédiatement route pour la France.

— Toutes mes prévisions se sont donc réalisées, se disait-il en donnant un libre cours à ses tristes pensées : « C'est trop tôt, lui avais-je dit ; beaucoup de nos anciens compagnons sont certainement encore à Paris ; s'ils te rencontrent, ils mettront à leur silence des conditions que tu ne pourras accepter, ou bien ils te livreront à la police, à laquelle la plupart d'entre eux appartiennent sans doute maintenant. N'oublie pas, d'ailleurs, que tu as, dans la marquise de Gastelar, une ennemie puissante, qui te cherche sans doute, et qui donnerait la moitié de sa fortune avec joie pour te faire disparaître de ce monde. Je sais quelles sont ta force, ton adresse, ta résolution ; mais on ne maîtrise pas le hasard avec tout cela. » Il n'a voulu rien entendre, et voilà que, dans quelques jours peut-être, alors que la justice de Dieu lui a pardonné, la justice des hommes va le livrer au bourreau !... Espérons pourtant, car le désespoir est impuissant ; espérons, puisqu'il espère lui-même.

Il tira de son portefeuille une lettre qu'il avait déjà lue plusieurs fois, et il la relut avec la plus grande attention ; elle était ainsi conçue :

« Je sais tout ce que je risque en t'écri-
« vant, mon bon Lambert ; mais je n'ai
« pas le choix des moyens. Si cette lettre
« te parvient, comme je l'espère, je puis
« être sauvé ; si elle est interceptée, je
« suis perdu sans retour, et peut-être
« même t'entraînerai-je dans ma chute.
« C'est un coup de partie, et je ne suis pas
« libre de ne point jouer.

« Tu avais grandement raison de redou-

« ter cette furie vomie par l'enfer, et j'a-
« vais grand tort de compter sur ma force
« et ma prudence, car je suis tombé,
« comme un sot, sous le premier coup
« qu'elle m'a porté. Bref, je suis écroué à
« la prison de la Force ; il s'agit d'en sor-
« tir pour aller respirer en poste l'air si
« bon de la liberté, ou pour être traîné
« dans une charrette à la place de Grève ;
« telle est la question, il n'y a pas de
« terme moyen. Toutefois, je ne déses-
« père de rien ; espère aussi, mon vieil
« ami ; car, après avoir lu ce qui précède,
« tu devras connaître le chemin du salut
« aussi bien que moi. Adieu ! bon courage
« et bonne chance ! »

Lambert examina de nouveau le cachet de cette lettre, qu'il avait rompu avec le plus grand soin, et il demeura convaincu qu'elle n'avait point été ouverte avant de lui être remise.

Après tout, se dit-il, en s'efforçant de repousser les craintes qui l'assiégeaient, après tout, nous avons fait souvent de plus grands miracles que celui que je vais tenter d'accomplir, et s'il est vrai, comme le disait un fermier-général, qu'on ne pend pas un homme qui a cent mille écus de rente, nous sommes encore loin de la corde..... — Eh! postillon, tu trottes, drôle!... au galop, sacredieu!... Je paie tout double, y compris tes chevaux, si tu les crèves.

Tandis que l'intendant de Mafiolini roulait ainsi vers la capitale de la France, Adrien, son fusil sous le bras, se promenait tristement sur les bords de l'Arno.

— Tout ce qui m'arrive, pensait-il, est empreint d'une singulière fatalité! Tandis qu'autour de moi s'accomplissent, comme par enchantement, les choses les plus incroyables, les plus impossibles, d'autres, dont la réalisation me semble si facile, et me rendrait si heureux, sont incessamment entourées d'obstacles toujours renaissants! Quoi de plus simple, en apparence, que la venue dans cette habitation, de ma Régine bien-aimée? Eh bien ! tout se réunit pour que ce vœu, le plus ardent de mon cœur, ne puisse s'accomplir ; on dirait que toutes les puissances de la terre ont intérêt à ce que mon bonheur ne puisse être complet. D'abord, c'est un homme qui ne veut pas que je retourne en France avant mon entier rétablissement, et auquel la reconnaissance me fait une loi d'obéir. Plus tard, la guerre semble éclater tout exprès pour me barrer le chemin. Je veux écrire, et l'on me montre une lettre annonçant que la pauvre enfant a quitté Paris pour retourner au lieu de sa naissance, dont j'ignore le nom. Enfin, mon généreux protecteur part pour l'aller chercher ; il promet de revenir promptement, à la condition que je ne quitterai pas l'Italie, et voilà que Lambert me fait entendre ces désolantes paroles : « *Si je restais, il ne reviendrait plus ; peut-être aussi qu'il en mourrait!* » Ah! je crains bien d'avoir deviné toute la vérité : certes, aux yeux de Dieu, Pied-de-Fer doit avoir racheté le plus grand nombre de ses fautes passées ; mais les hommes ont aussi le droit de lui en demander compte. Alors, quoi qu'en dise le vénérable curé de Marchais, toute cette souillure ne rejaillirait-elle pas jusqu'à moi ?

Cette pensée jetait dans l'âme du jeune homme une inquiétude terrible et un trouble qu'il se sentait impuissant à maîtriser. Cette crainte, toutefois, n'était pas fondée, grâce aux mesures prises par Pied-de-Fer. En habile homme qu'il était, l'ex-chauffeur avait prévu toutes les éventualités. En général, les grands seigneur d'Italie étaient fort mal dans leurs finances à cette époque. Or, de grands seigneurs sans argent s'inquiètent fort peu de la moralité de l'homme qui peut leur en prêter, pourvu qu'il en prête. Il est juste de dire qu'ils sont beaucoup plus scrupuleux quand il s'agit de rendre, et l'on ne doit pas oublier que nous ne parlons ici que des grands seigneurs italiens. Pied-de-Fer, qui savait tout cela autant qu'homme du monde, avait commencé par faire un prince en prêtant de l'argent au pape, c'est à dire au cardinal ministre des finances de sa sainteté; puis, au nom de ce prince de sa façon, il en avait prêté au grand duc de Toscane, et à toutes les illustrations de sa cour, bien sûr que tant qu'Adrien n'exigerait pas de remboursement, sa noblesse ne serait pas contestée, et qu'en cas de malencontre, les défenseurs haut placés ne lui manqueraient pas C'est au moyen de cet ingénieux procédé, qu'à l'exemple de Pied-de-Fer, M. Rotschild est devenu baron du saint empire, et que M. Aguado s'est fait faire marquis de Las-Marismas, ce qui prouve jusqu'à l'évidence que l'argent donne de l'esprit, vérité surabondamment démontrée par la charte, et que Pied de-Fer avait depuis longtemps reconnue.

Adrien, qui ne faisait pour ainsi dire qu'entrer dans la vie, ignorait encore tout cela, et il craignait; il possédait des millions, et il craignait, le candide jeune homme! Cela, pourtant, ne l'empêchait pas d'être plus amoureux que jamais, et de ressentir tous les tourments que peuvent causer l'absence de l'objet aimé. Bientôt il renonça à toutes les distractions, à tous les plaisirs auxquels il s'était livré jusque là: il passait des jours entiers à penser à Régine; la nuit, il en rêvait; il revoyait, à chaque seconde, cette taille si fine, ce pied si mignon, ce délicieux visage qui semblait respirer la candeur, et, comme l'amour se nourrit surtout d'illusions, et n'admet pas d'impossibilités, il s'attendait à la retrouver, plus fraîche et plus jolie que lorsqu'il avait quitté Paris.

Un soir, quelques instants après le coucher du soleil, du haut du balcon où Adrien s'était placé, ses regards s'étaient dirigés vers le chemin de Florence ; il se disait que c'était par là que devait lui arriver le bonheur. Tout à coup un nuage de poussière s'élève à l'horizon ; bientôt apparaît une voiture ; à chaque instant elle devient plus visible ; plus de doute ! c'est vers la villa qu'elle se dirige. Adrien rougit et pâlit tour à tour ; son cœur bat de manière à lui rompre la poitrine. Une tête de femme se montre à la portière ; si c'était Régine !... La voiture entre dans la cour; Adrien s'élance dans l'escalier; il arrive au bas du perron au moment où la portière s'ouvre.

— Régine! s'écria-t-il en tendant les bras.

Une femme saisit l'une des mains ainsi tendue, et saute légèrement à terre. Adrien demeure immobile de surprise; il ne peut que faire entendre ces mots :

— Madame de Gastelar!

— Oui, monsieur; malgré la manière un peu brusque dont nous nous sommes quittés, je n'ai pas voulu venir à Florence sans vous revoir, et ma première visite est pour votre altesse...

— Ah! madame la marquise, laissons, je vous prie, ce titre...

— J'avoue que j'ai été quelque peu surprise d'apprendre que j'avais eu l'honneur de donner asile, dans mon pauvre domaine de Souvrecœur, à une si haute illustration. J'entendais parler autour de moi d'un jeune officier français qui, pour se faire soldat, avait caché un nom illustre sous l'obscure pseudonyme d'Adrien. Blessé, après avoir fait des prodiges de valeur, il était venu se rétablir ici. C'était, disait-on, un cavalier charmant, spirituel.... peu constant dans ses effections..., vous voyez que je ne pouvais pas me tromper.

Adrien, mal remis de la déception qu'il venait d'éprouver, se trouva quelque peu embarrassé pour répondre à ce compliment.

— Mon désir le plus grand, madame, répondit-il avec un peu d'hésitation, serait de vous faire oublier ici le fâcheux événement que vous venez de rappeler.

Il porta à ses lèvres la main de la marquise, et s'aperçut du léger frémissement qu'elle n'avait pu maîtriser, puis il la conduisit au salon, où il la laissa un instant après lui avoir demandé la permission d'aller donner quelques ordres que nécessitaient l'absence de son intendant.

Madame de Gastelar avait parfaitement entendu l'exclamation d'Adrien lorsqu'il s'était élancé vers la voiture en tendant les bras ; c'était la seconde fois que le nom de Régine frappait à la fois le cœur et l'oreille de la marquise, car elle avait compris tout d'abord qu'il s'agissait d'un premier amour, et la jalousie avait dès lors stimulé l'ardeur de sa passion ; mais elle était trop habile pour ne pas dissimuler ses souffrances ; aussi était-elle parfaitement calme lorsqu'Adrien revint près d'elle.

— Si madame la marquise n'a pas d'engagements antérieurs, dit-il en rentrant, et que ce séjour ne lui paraisse pas trop indigne d'elle...

— Oh! c'est impossible, interrompit-elle vivement, quoique je sois seule, pourtant, et parfaitement maîtresse de mes actions, monsieur de Gastelar étant mort depuis plus d'un an; mais vous savez, monsieur, ajouta-t-elle en souriant et en essayant de nouveau la puissance de son irrésistible regard, vous savez que, contrairement à l'opinion populaire, les amis de nos amis ne sont pas toujours nos amis, et je craindrais que certain personnage dont, il y a dix-huit mois, vous subissiez l'influence...

— Oui, je comprends, interrompit à son tour Adrien, qui se sentait mal à l'aise sur ce terrain. Ce brave ami a des formes un peu rudes; mais au fond, aujourd'hui du moins, c'est le meilleur du monde, et bien que j'ignore complétement la nature et la cause de vos dissentiments, je suis persuadé qu'il me serait facile de vous amener à une réconciliation complète.

— Jamais! jamais! s'écria-t-elle en se levant vivement.

La fureur remplaça dans ses yeux l'expression de douceur et de tendresse qu'elle leur avait donnée quelques secondes auparavant.

— Oh! calmez-vous de grâce, dit Adrien avec le ton du regret le plus vif, et soyez assez bonne pour me pardonner cette indiscrétion. La personne dont il est question d'ailleurs n'est pas en Italie en ce moment. Peut-être même, ajouta-t-il, en étouffant un soupir, lui sera-t-il impossible d'y revenir de longtemps.

La marquise, dans sa vive émotion

avait fait quelques pas ; le jeune homme lui prit la main, la ramena jusqu'au divan qu'elle avait quitté, et s'y assit près d'elle. Comme il tenait toujours cette main si douce, aux doigts blancs et effilés, aux ongles rosés, elle fit un effort pour la dégager ; mais il la retint.

— Oh ! fit-il, c'est une cruauté que je n'ai pas méritée. Permettez-moi de me souvenir que j'ai été un jour plus heureux.

— Mais il faudrait vous souvenir, en même temps, qu'une horrible blessure vous tenait cloué sur un lit de douleur, blessure dont vous paraissez être parfaitement guéri.

— C'est que l'on guérit de celles-là, madame ; mais il n'en pas de même de toutes celles qui m'ont été faites dans le même temps.

Adrien s'animait. La marquise était si belle ! De ses beaux yeux noirs s'échappaient des regards si pleins de volupté ! Sa parole était si séduisante, et le sourire qui effleurait ses lèvres vermeilles laissait voir deux rangées de perles si parfaites !... Et puis, le pauvre garçon s'ennuyait horriblement, et depuis dix-huit mois il n'avait pas trouvé pareille occasion de se distraire de ses chagrins. Enfin, il faut tout dire, la présence de cette femme charmante, le souvenir des délicieux instants qu'il avait passés près d'elle, de ceux plus délicieux encore qu'elle lui avait fait entrevoir alors que l'intervention de Pied-de-Fer était venue tout détruire, tout cela, et mille autres choses que nous ne pourrions dire, avaient fait oublier subitement au pauvre Adrien sa bien-aimée Régine que, une heure auparavant, il appelait à grands cris, en lui tendant les bras. Le cœur de l'homme est ainsi fait : toutes les passions y trouvent place, et ne s'excluent pas. Sans doute, l'âme est faite pour commander au corps; l'esprit a mission de dominer la chair; mais notre imperfection est telle, qu'il ne faut bien souvent qu'un regard lancé par de beaux yeux pour intervertir les rôles. Dieu seul est parfait, et nous ne sommes pas des dieux... Hélas! mesdames, vous en savez quelque chose!

Ainsi, reprit le jeune homme, qui s'était tellement rapproché que la suave haleine de la marquise se jouait dans sa chevelure, ainsi, vous me restez?... Vous consentez à redevenir mon ange consolateur?

— Avez-vous donc de si cuisants chagrins?

— Non, je n'en ai plus, je n'en puis plus avoir; mais n'est-ce rien que dix-huit mois passés dans cette solitude? N'est-ce pas un supplice bien cruel que cette nuit de l'âme, dans laquelle j'ai été pendant si longtemps plongé, après avoir entrevu toutes les félicités du ciel?

— Oh! fit la marquise en souriant, que voilà bien les exagérations d'une tête folle et oublieuse! A-t-on employé la violence pour vous transporter dans vos domaines et vous y retenir?

Adrien demeura quelques instants sans répondre ; un mouvement convulsif agita tout son corps, et une pâleur subite succéda à l'animation de son visage. Il sentait qu'il pouvait aisément tromper madame de Gastelar, lui laisser croire qu'il était d'une naissance illustre ; que ses biens, de même que sa personne, étaient d'origine princière ; mais la loyauté, la candeur qui lui étaient naturelles, l'emportèrent promptement sur l'orgueil dont il avait senti l'aiguillon.

— Madame, dit-il en baissant les yeux, le titre que je porte et que j'ai le droit de porter aujourd'hui, les biens que je possède, rien de tout cela ne m'appartenait lorsque vous voulûtes bien me donner l'hospitalité dans votre château de Souvrecœur. Permettez-moi, toutefois, de ne pas être plus explicite sur ce point; c'est toute une histoire, histoire brûlante que j'ai juré de ne point aborder, et sur laquelle je ne prendrai point la liberté de vous adresser la moindre question, bien qu'il me soit démontré, madame, que, dans les mystères que je ne fais qu'entrevoir, vous ayez pénétré profondément.

Ce fut au tour de la marquise de changer de couleur; les muscles de son charmant visage se contractèrent, un éclair de fureur passa dans ses yeux; mais ce ne fut qu'un éclair.

— Mon jeune ami, dit-elle après quelques instants, en se penchant mollement sur l'épaule du jeune homme, je n'ai ni le droit ni la volonté de vous demander vos secrets... Eh! mon Dieu! est-il donc si important de savoir d'où vient le bonheur, pourvu qu'il vienne?

— Oh! je savais bien que vous êtes un ange!

— Le vôtre?

— Le mien.

— Toujours?

— Toujours!

— On vint annoncer que le souper était servi. Adrien offrit la main à la marquise.

— Nous serons seuls, comme ici, lui dit-il, comme toujours... si vous le voulez.

Un imperceptible serrement de main répondit à ces paroles. Le repas fut divin, en ce sens que le corps y prit peu de part, et la nuit qui suivit acheva de transporter nos personnages dans les régions éthérées.

VII.

Un Sauveur.

Cependant Lambert continuait à rouler vers Paris avec toute la vitesse imaginable, ne s'arrêtant que le temps nécessaire pour changer de chevaux et pour prendre quelque nourriture qu'il mangeait toujours courant. Le huitième jour au matin il franchissait la barrière d'Enfer.

— Où faut il vous conduire? lui demanda le postillon.

— Toujours tout droit.

— Mais ce n'est pas une adresse, çà.

— C'est la mienne; roule.

— Mais si vous dépassez Paris, il faut que...

—Roule donc! roule, sacré mille dieux! est-ce que je te paie pour raisonner?

— C'est que si vous n'avez pas d'hôtel attitré, je vous conseillerais...

— Garde tes conseils et fouette tes chevaux, ou je mets pied à terre et je te laisse là.

— Voilà encore un drôle d'original,

pensait le postillon en faisant claquer son fouet; tant mieux, il n'y a que ceux-là qui paient bien.

Et, sous l'impression de cette pensée, il parvint à faire prendre le galop à ses rosses. Il parcourut ainsi la rue d'Enfer, la place Saint-Michel et la rue de la Harpe.

— Halte! lui cria Lambert, dès qu'il fut arrivé à la hauteur de la rue Saint-Séverin.

— Quel numéro, Monsieur?

— Halte! te dis-je... Que le diable brûle cet enragé questionneur!

La voiture s'arrêta, Lambert mit pied à terre, prit son sac de nuit, paya le postillon et lui tourna le dos. Quelques instants après, il entrait dans la rue Zacharie, l'une de ces sombres et tortueuses ruelles qui serpentent entre la rue de la Harpe et la place Maubert.

C'était dans cette rue que Lambert était né quarante-cinq ans auparavant, de Jacques Lambert, chantre de Saint-Séverin, lequel grâce à la basse-taille qu'il possédait, cumulait cet emploi avec celui de choriste à l'Opéra, dînant ainsi de l'église et soupant du théâtre, à l'exemple de ces abbés de ruelle qui fabriquaient un opéra-comique entre deux messes. La femme de Jacques Lambert n'avait donné à son mari, en vingt ans de mariage, que deux enfants; un garçon d'abord, Jérôme Lambert, celui-là même dont nous venons de raconter l'arrivée en poste, et, douze ans après, une fille que l'on nomma Suzanne. L'abondance régnait dans cette famille, car, indépendamment de l'argent que rapportait au chef le double emploi qu'il faisait de sa voix, sa femme, monteuse de bonnets très renommée dans le quartier, pouvait faire et faisait, sur le produit de son travail d'importantes économies. Aussi Jacques avait-il mis son fils au collége, d'où Jérôme n'était sorti que pour entrer en qualité de clerc chez maître Thomas Duclosier, procureur, docteur en l'un et l'autre droit (*in utroque jure*), dont la sombre et poudreuse étude occupait tout le rez-de-chaussée d'une des plus vastes maisons de la rue de la Vieille-Draperie, vis à vis le Palais de Justice.

Jérôme venait d'atteindre à la dignité de second clerc chez maître Duclosier, lorsque la révolution éclata, et vint jeter le trouble dans sa famille : la fermeture des églises enleva d'abord à Jacques le meilleur de ses deux emplois; le second lui fut retiré peu de temps après, à cause de sa qualité d'ex-homme d'église qui le rangeait naturellement dans la catégorie des suspects. D'un autre côté, les femmes de la riche bourgeoisie avaient renoncé aux *bonnets montés* dont les sans-culottes trouvaient la forme aristocratique. Enfin, les procureurs furent supprimés, et Jérôme retomba à la charge de sa famille, puis il se fit soldat. Ce fut à cette époque qu'il fit la connaissance de Baillor, depuis surnommé Pied-de-Fer, comme lui soldat de la république, et servant dans le même régiment. Lorsqu'il revint à Paris, six ans après, son père avait été guillotiné comme atteint et convaincu d'avoir servi la messe dans une cave, où quelques prêtres de sa paroisse avaient élevé un autel à l'exemple des premiers pasteurs chrétiens réfugiés dans les catacombes de Rome; sa malheureuse mère était morte de chagrin peu de temps après, et la jeune Suzanne vivait seule de son travail comme ouvrière en dentelles, profession que le cynisme. la grossièreté des mœurs de cette époque rendaient fort peu productive.

Tant de malheurs immérités jetèrent le désespoir et la rage au cœur de Jérôme; il se sentit dévoré d'une soif de vengeance inextinguible, et il alla grossir les rangs des chouans qui commençaient à reparaître. Plus tard, il entra dans la bande des chauffeurs, commandée par le Petit-Duc, où il retrouva Pied-de-Fer. Lors de la dispersion de cette bande, il se réfugia en Prusse où il prit du service. C'était dans les rangs de l'armée prussienne que Pied-de-Fer l'avait retrouvé, près de Mayence, vers la fin de 1813. Il n'avait pas hésité à quitter l'uniforme prussien pour se joindre à son ancien camarade, et dès lors ils s'étaient liés de cette amitié robuste, inaltérable, particulière aux natures énergiques.

Il y avait quinze ans que Lambert était absent de Paris, qu'il avait juré de ne jamais revoir, lorsque la lettre de Pied-de-Fer était venue l'arracher aux douceurs de la retraite qu'il partageait avec Adrien Le voici donc dans cette petite rue Zacharie, où se sont écoulées ses plus belles années. La rudesse de la vie qu'il a menée depuis vingt ans; les péripéties de ce long et sanglant drame n'ont pas tellement anéanti chez lui toute sensibilité qu'il ne se sente assez vivement ému à l'aspect de ces noires maisons éclairées par des fenêtres à coulisse, et dont quelques-unes sont ornées de vitraux enchâssés dans des bandes de plomb serpentant entre les châssis de bois. Il examine les boutiques, il interroge du regard ces allées humides, fangeuses, et il sent son cœur s'épanouir; il n'est pas jusqu'à l'air épais, nauséabond, qu'il respire, qui ne lui cause une sorte de bien-être dont il ne songe pas à se rendre compte. Enfin ses regards s'arrêtent sur la maison où il est né.

— Rien n'est changé, se dit-il, les visages seuls ont vieilli ; j'aperçois bien là, dans sa boutique de teinturier, le père Certaud ; ce sont bien ; au deuxième étage, ces fenêtres par lesquelles j'ai lancé dans l'espace tant de bulles de savon... C'est là, qu'il y a quinze ans, j'ai laissé cette bonne Suzanne, pauvre, mais résignée, gaie, presque heureuse. Depuis je ne lui ai pas donné une seule fois de mes nouvelles...... Qu'est-elle devenue ?

Il passa sa main sur ses yeux et s'approcha du teinturier qu'il interrogea...

— Mademoiselle Lambert, répondit ce dernier, est maintenant madame Hochelin ; il n'y a pas d'autre changement chez elle, sinon qu'après le mari sont naturellement venus les poupons; quatre en sept ans, tous vivants...

Lambert n'en entendit pas davantage ; il se précipita dans l'allée, monta rapidement l'escalier, et alla frapper à la porte du deuxième étage, qui s'ouvrit aussitôt.

— Suzanne!

— Jérôme!

Ces deux exclamations se firent entendre en même temps, puis le frère et la sœur s'embrassèrent étroitement.

— Mon pauvre Jérôme! comme te voilà vieilli! s'écria Suzanne après la première expression de joie.

— Que veux tu, Suzon, la guerre, la fatigue, les chagrins.....

— Ah! oui, les chagrins!... Cela m'a bien vieillie aussi, moi!

— Tu es donc malheureuse, ma bonne Suzon?

— Je suis heureuse mère, car j'ai de charmants enfants, heureuse épouse, car mon mari est un excellent homme, et nous nous aimons encore comme au premier jour; mais la fortune ne nous a pas traités en enfants gâtés. Mon mari, employé au ministère de la justice, a perdu sa place lors du retour des Bourbons; il est aujourd'hui greffier d'un juge d'instruction....

— Greffier d'un juge d'instruction! reprit Lambert, sur le visage duquel passa comme un éclair de joie.

— Oh! ne crois pas que ce soit là quelque

chose de bien merveilleux : quinze cents francs d'appointements, et point d'avancement possible, par conséquent point d'avenir. Deux années passées sans emploi ont épuisé nos ressources ; il a fallu faire des dettes... Mais je suis folle de te dire cela, mon Jérôme. Aujourd'hui, je veux tout oublier, je veux être tout entière au bonheur de te revoir, de t'embrasser.

Elle se jeta de nouveau dans ses bras.

— Et toi, mon bon frère, reprit-elle, la fortune enfin s'est-elle décidée à te faire bon visage ?

— Moi, répondit Jérôme en hésitant, comme un homme qui songe un peu tard à sonder le terrain sur lequel il a mis le pied, moi... pas précisément. Je ne suis pas pauvre, pourtant ; mais j'ai eu à subir des maux d'un autre genre... Nous parlerons de tout cela plus tard ; en attendant, je me constitue ton pensionnaire, ma bonne Suzanne, à la condition que tu recevras d'abord le premier trimestre de ma pension. Tiens, ajouta-t-il en lui mettant entre les mains une bourse assez lourde, prends ceci, nous compterons quand elle sera vide.

Suzanne ouvrit de grands yeux; sa respiration demeura un instant suspendue; elle ne pouvait répondre. C'est qu'à travers les réseaux elle voyait briller l'or dont cette bourse était remplie.

— Jérôme, dit-elle enfin en rougissant et en baissant les yeux, je ne sais si mon mari ne se formaliserait pas de...

— Se formaliser! interrompit Lambert, je voudrais bien voir que...

— Mon mari est maître chez lui, interrompit à son tour Suzanne, en relevant la tête avec cette fierté inséparable de tout cœur honnête, et en rendant à son frère cette bourse dont l'aspect l'avait d'abord troublée.

— Sans doute, répondit Lambert, dans le cerveau duquel fermentait déjà un vague projet dont l'exécution dépendait d'une foule de circonstances qu'il ne pouvait embrasser d'un seul coup d'œil, sans doute, Suzon, ton mari est et doit toujours être le maître chez lui; mais son omnipotence ne saurait aller jusqu'à t'empêcher de recevoir un présent de ton frère. Eh bien, je ne paie rien, cette bourse est le présent que je t'offre. De cette manière, je reste sur mon terrain, et ton mari demeure libre de m'accorder ou de me refuser l'hospitalité!... Mais est-ce que je ne le verrai pas bientôt, ce cher beau-frère?

La pauvre femme sentit que son sang

circulait avec plus d'abondance. Cet or était bien à elle, et il y avait là de quoi faire oublier tant de douleurs, tant de privations!... Pour la dixième fois elle embrassait son frère, lorsque son mari entra. Lambert se leva, alla à lui, et lui tendit la main comme à un ancien ami qu'on est heureux de revoir. Au bout de quelques instants, on eût dit une famille qui ne devait jamais se séparer...

Plusieurs jours s'écoulèrent, pendant lesquels ces joies de famille eurent leur cours. Toutefois, Lambert n'avait pas perdu de vue, pendant une seconde, le but qu'il s'était proposé en arrivant à Paris; il avait pu faire savoir son arrivée à Pied-de-Fer, et il n'y avait pas une de ses pensées, pas une de ses actions qui ne tendissent à la délivrance de ce dernier.

— Mais c'est un métier de cheval que

vous faites là, cher beau-frère, disait-il à Hochelin, un jour que ce dernier, parti de chez lui vers neuf heures, n'y rentrait qu'à cinq heures du soir, apportant sous son bras de la besogne pour les deux tiers de la nuit.

— Oui, frère, cela est vrai ; et encore si, à l'aide d'un travail de galérien, si, renonçant à tous les plaisirs de la vie pour faire une machine à remuer la plume, je pouvais reconquérir la paix de l'âme que j'ai perdue...

— Que dites-vous, mon cher Hochelin ?

— La vérité ! Tenez, hier encore, le juge interrogeait un grand coupable, Baillor, surnommé Pied-de-Fer, un ancien chauffeur, arrêté au moment où il tentait de pénétrer dans les caves de la Banque de France, au moyen d'une galerie souterraine... Eh bien! en écrivant les réponses de cet homme, je me prenais à envier son sort; car au moins, lui, ne joue que sa peau... Qu'avez-vous donc, frère?

— Rien, rien, répondit Lambert, qui venait de lever les yeux vers le ciel en s'essuyant le front, subitement couvert d'une sueur abondante; seulement, je ne puis entendre de sang-froid qu'un digne et honnête père de famille, comme vous, envie le sort d'un voleur de grand chemin.

— Cela est pourtant vrai, dit Hochelin en ouvrant la liasse de papiers pour se mettre au travail. Pardon, cher frère, mais je suis forcé de rompre un peu brusquement cet entretien : j'ai là trois rapports à rédiger pour la chambre du conseil, et demain matin, à neuf heures et demie, il faut que je sois là pour recueillir des interrogatoires qui ne finiront probablement pas avant la nuit.

Lambert se retira, non par discrétion, mais pour réfléchir et se préparer à quelque événement grave dont les formes étaient encore indécises, mais dont le fond était arrêté. Il passa ainsi trois jours, sortant peu, se montrant fort réservé sur son passé et ses desseins pour l'avenir, et ne négligeant rien pour se mettre le plus avant possible dans les bonnes grâces de son beau-frère, qui, tout en se montrant très liant, demeurait sombre et restait étranger aux petites félicités que Lambert s'efforçait de semer sur son chemin.

Le quatrième jour était un dimanche, jour de repos pour Hochelin; ce jour-là, Lambert l'entraîna au Rocher de Cancale, où il commanda un déjeuner à la fois des plus confortables et des plus distingués. Les deux convives furent d'abord assez peu communicatifs, puis, le chambertin aidant, les langues se délièrent, et l'on devint, de part et d'autre, très expansif.

— Voyons, mon cher frère, dit Lambert, lorsqu'il crut le terrain suffisamment préparé, vous avez des chagrins que, jusqu'à présent, vous n'avez pas jugé convenable de me confier; et pourtant, ami, j'ai la conviction que le remède serait près du mal, si vous vouliez parler.

— Lambert! s'écria Hochelin, lisez-vous donc dans mon cœur à travers les parois de ma poitrine?

— Mon cher ami, j'ai lu quelquefois à travers des ténèbres plus épaisses; mais ici ma perspicacité n'a rien à faire. Ma sœur souffre, mon cher Hochelin, elle souffre du mal qui vous tue; je donnerais la moitié de ma vie pour vous sauver tous deux; mais on ne guérit pas les gens qui ne veulent pas être guéris, car il faut au moins que le médecin sache où appliquer le remède.

Le greffier mit ses coudes sur la table; appuya son visage sur ses mains; il demeura ainsi pendant quelques secondes sans proférer un mot.

— Mon cher Hochelin, reprit Lambert, les hommes sont ainsi faits, et j'ai eu souvent l'occasion de le reconnaître; tel repousse aujourd'hui l'aide qui pourrait le sauver, et se perd demain pour n'avoir pas su mettre un moment la confiance à la place de l'orgueil ou de la crainte ; nous sommes tous deux en ce moment sur cette limite dont je parle.

— Mais s'écria Hochelin en relevant la tête et montrant des yeux à demi-hagards, si déjà j'étais assez avancé dans la pente, qu'il fallût un miracle pour me sauver ?

— L'argent fait bien des prodiges, répondit Jérôme, et sous ce rapport, mon cher frère, je suis peut être un grand taumaturge. Ayez donc confiance, et me dites où est le mal, afin que je m'empresse de le faire cesser.

Hochelin était dans un état affreux ; parfois, aux paroles de Lambert, le nuage qui planait sur son front se dissipait ; mais c'était une éclaircie qui durait peu, et le visage du greffier reprenait presqu'immédiatement sa lugubre expression. Cependant Lambert avait demandé du champagne, et il pressait son beau-frère de lui faire raison. Ce dernier buvait, mais il demeurait aussi sombre. Lambert, pourtant, ne désespérait de rien.

— Frère, dit enfin Hochelin en étouffant un soupir, je vais tout vous dire, car je ne puis supporter davantage l'affreux secret qui pèse sur ma conscience, et je suis décidé d'ailleurs à en finir avec la vie.

— Parlez, mon ami, parlez, afin que je vode à chasser ces pensées funèbres.

Hochelin se recueillit un instant, puis il reprit :

— Frère, vous me croyez un honnête homme, et je suis un voleur, un faussaire, un malheureux couvert de crimes. Vous savez que j'ai été longtemps sans emploi : les dettes que je fis alors sont beaucoup plus considérables que ma femme ne le croit ; pendant ces mauvais jours, j'ai eu recours au jeu, et j'ai fait des pertes énormes. Lorsque l'emploi que j'occupe maintenant me fut accordé, je repris courage ; mais je ne tardai pas à acquérir la certitude qu'il me serait absolument impossible de combler l'abîme. Que faire en effet avec cent vingt-cinq francs par mois, lorsque l'on doit pourvoir aux besoins d'une femme et de quatre enfants? Tout espoir d'avancement est interdit au greffier d'un juge d'instruction, et lorsque l'âge lui a enlevé la possibilité de travailler, on le jette à la porte sans s'inquiéter de ce qu'il deviendra, sans lui faire l'aumône de la plus misérable pension; il est enfin plus maltraité que le dernier garçon de bureau.

Cependant, il fallait apaiser mes créanciers; j'avais signé des lettres de change, on pouvait user contre moi de la contrainte par corps, et me faire perdre ainsi mon emploi. J'étais au désespoir, je voulais me tuer, lorsque le juge auquel je suis attaché fut chargé d'une affaire de faux billets de banque; les coupables étaient arrêtés; une liasse de ces billets faux avait été saisie; j'en pris dix, et je parvins à les passer. L'instruction de cette affaire se continue en ce moment; mais elle touche à sa fin ; il faudra représenter ces billets. Pour comble de malheur, un de mes créanciers, à qui j'ai donné quatre de ces billets, a reconnu depuis qu'ils étaient faux, et il menace de me dénoncer si d'ici à quelques jours je ne le désintéresse pas complétement... Vous voyez bien qu'il faut que je meurre...

Lambert, en écoutant cette confidence, faisait des efforts inouïs pour déguiser la joie qu'elle lui causait.

— Frère, dit-il après quelques instants de silence, la somme est considérable ; mais je ne désespère point de pouvoir la mettre à votre disposition.

— Il se pourrait !... ô généreux ami !....

— Ne vous réjouissez pas trop promptement, car je serai dans la nécessité, en vous rendant ce service, de mettre votre reconnaissance à une assez rude épreuve.

— Eh! ne suis-je pas dès ce moment à vous corps et âme?... A vous, mon sauveur, mon ange tutélaire... Parlez, parlez, je vous en conjure.

— Ecoutez-moi, Hochelin, et surtout que l'émotion que vous éprouvez en ce moment ne vous empêche pas de m'entendre, et de me répondre catégoriquement. Songez que, maintenant, j'ai le droit de tout vous dire, et que vous n'avez plus celui de me cacher ou de me refuser quelque chose.

Le greffier, qui déjà était fort pâle, pâlit encore davantage; son cœur battit avec violence, un nuage passa sur ses yeux, et peu s'en fallut qu'il ne perdît connaissance. C'est que le malheureux, qui s'était cru sauvé, venait d'entrevoir les portes de l'enfer béantes et prêtes à lui livrer passage.

— J'écoute, répondit-il du ton d'un condamné qui va entendre sa sentence.

— Quelque extraordinaire que vous paraisse ce que je vais vous dire, vous ne me ferez point de questions, et vous me garderez le secret le plus inviolable.

— Je le promets, et je dois vous faire remarquer que ces préliminaires sont de trop, à présent que je me suis mis à votre discrétion.

— C'est vous qui libellez les ordres de mise en liberté des prévenus, quand il y a lieu, et qui, après les avoir fait signer, les remettez à l'huissier, afin qu'il aille lever l'écrou.

— Cela se passe ainsi en effet, répondit le greffier sur le front duquel la sueur commençait à perler.

— Le juge a tant de travaux que, bien certainement, il signe tout cela de confiance, et sans en prendre lecture (1)?

— Quelquefois..... Mais hâtez-vous, de grâce; je me sens mal. .voyez avec quelle violence battent mes tempes ; il me semble que mon crâne va éclater.

— Allons donc, frère, remettez-vous; ce n'est pas ici le cas de manquer d'énergie. Je vous répète que les dix mille francs

(1) Dans un procès qu'il soutint, il y a quelques années devant la cour d'assises de Paris, M. Gisquet, ex-préfet de police, dit en répondant à une question du président : « Tant qu'a duré mon édilité, je n'ai pas donné moins « de huit cents signatures par jour; en travaillant vingt « heures par jour, je n'aurais pas pu lire le quart des « pièces que je signais. » Quelle garantie qu'une signature ainsi donnée !

dont vous avez un si grand besoin seront dès aujourd'hui à votre disposition, et si cette somme n'était pas suffisante pour que vous n'eussiez plus rien à craindre, on y ajouterait quelque chose; mais le secret est la première des conditions pour atteindre ce résultat, et il ne suffit pas que vous ne disiez rien, il faut encore que vos pensées ne puissent se lire sur votre visage. Si cela est au-dessus de vos forces, n'en parlons plus, car, encore une fois, ce n'est qu'à ce prix que je puis vous sauver.

Cette allocution n'était pas de nature à remettre l'infortuné Hochelin, qui était dans un état affreux; mais Lambert, que la faiblesse de cet homme commençait à effrayer, voulait avoir tout d'un coup la mesure de ce qu'il pouvait rester d'énergie dans ce cœur envahi par le désespoir. Hochelin demeura quelques instants sans répondre, puis tout à coup il releva la tête, ses regards prirent une expression terrible, il cessa de trembler, et il dit d'une voix assurée :

— On ne peut être maître de ses premières impressions : le soldat le plus brave peut trembler en allant au feu ; mais il ne recule pas. Parlez et comptez sur moi, je serai fort et impénétrable.

— A la bonne heure donc ! voilà l'énergie qui convient à un homme ! Eh bien ! mon ami, c'est un ordre de mise en liberté qu'il faut que le juge auquel vous êtes attaché signe sans le lire.

— S'il s'agit de quelque pauvre diable sous le coup d'une prévention légère, il sera mis en effet en liberté au moyen de cette pièce, mais il n'en serait pas ainsi d'un grand coupable ; l'huissier, alors même qu'il ne soupçonnerait pas la fraude, croirait à une erreur, et il ne manquerait pas de la signaler. De toutes manières je serais perdu et je n'aurais sauvé personne.

— Perdu, vous? allons donc, mon cher Hochelin, voilà que nous retombons dans les exagérations : on reconnaîtrait que l'erreur vient de vous, et l'on n'est pas pendu pour une erreur, tandis que... regardez.

Il tira son portefeuille de sa poche, y prit une liasse de billets de banque, et il fit lire à son frère ces terribles mots imprimés sur tous : *La loi punit de mort les contrefacteurs.* Hochelin lut sans rien perdre du calme qu'il avait recouvré, son parti était pris.

— Oui, dit-il, je sais cela : la loi punit de mort les contrefacteurs et leur complices, et je suis un de ces derniers; mais toute peine infamante serait pour moi la mort, et en outre, ajouta-t-il avec un sourire amer, j'aurais la peine de me tuer.

— Si la chose est impossible, dit froidement Lambert, en remettant les billets dans son portefeuille et le portefeuille dans sa poche, n'en parlons plus.

— Parlons-en, au contraire, et cherchons à vaincre la difficulté : vous exigez un entier dévoûment; je puis, moi, exiger une entière franchise, quel est le prisonnier qu'il s'agit de faire évader.

— C'est Pied-de-Fer, répondit Lambert. Et maintenant que j'ai prononcé ce nom, je dois vous dire que votre salut à vous dépend de celui de cet homme.

— L'enfer a exaucé mes vœux, s'écria Hochelin; j'avais envié la position de ce grand scélérat, et voici que je deviens son complice. Mais comment se fait-il...

— N'oubliez pas nos conventions, frère, je vous ai interdit le droit de me faire des questions.

— C'est juste. Cherchons donc un expédient ; car celui que vous aviez trouvé est absolument impraticable.

— En savez-vous un autre ?

— Voyons !... je pourrais, par exemple, avoir égaré la minute de l'un de ses interrogatoires ; il faudrait l'interroger de nouveau ; il reviendrait donc au palais.

— Oui, sous bonne escorte, et en plein jour ?

— Sans doute ; il y viendrait le jour ; mais il pourrait bien n'en sortir que le soir : cela dépend un peu de moi,

— Attendez, mon ami : on l'emmènerait dans l'une de ces voitures d'osier appelées paniers à salade?

— Comme d'habitude, avec un huissier sur le devant, un gendarme par derrière, et un postillon sur l'un des deux chevaux. Or, un postillon se grise...

— Et un gendarme n'est pas à l'épreuve de la balle.

— Vous iriez jusqu'au meurtre !...

— J'irais jusqu'à l'enfer pour le sauver.

— C'est juste, répliqua le greffier; je sens maintenant qu'une fois entré dans cette voie, on ne doit plus s'arrêter. Mais vous pourriez, je pense, ne pas tout d'abord aller jusque-là : cette prison roulante dont il est question n'est pas tellement solide., qu'il soit nécessaire, pour la mettre en pièces, de tuer les gens qui l'escortent (1).

— C'est vrai, frère, le meurtre ne peut s'excuser que par la nécessité; je ne l'oublierai pas, soyez tranquille... Ainsi, voici qui est convenu : Pied-de-Fer sera conduit au Palais...

— Il aurait pu l'être demain lundi si mes mesures avaient été prises ; c'est donc une affaire remise à huitaine.

— Huit jours !

(1) Les voitures qui transportaient alors les prisonniers, à Paris, ne ressemblaient à celles de nos jours que par la forme ; c'était tout simplement des voitures d'osier comme les carrioles de fermiers, garnies d'une grille de fer sur le devant, et fermées, sur le derrière, d'une porte en osier tressé, garnie d'un verrou. C'est de là que vient à ces voitures le nom de *panier à salade*.

— Pas une heure de moins; en voici la raison : du mardi au samedi les extractions sont nombreuses, attendu que les chambres de police correctionnelle siégent; le lundi, elles chôment. Les extractions de prévenus sont donc beaucoup moins nombreuses ce jour-là ; or, l'important n'est-il pas que votre protégé soit seul dans la voiture (1)?

(1) C'est vraiment, et, nous le disons sans colère, quelque chose de remarquable que l'administration de la justice à Paris. A Dieu ne plaise que nous veuillons faire de la satire sur ce point ; aussi ne dirons-nous que la vérité ; la voici : un homme est prévenu d'un crime ou d'un délit grave ; il n'est pas d'affaire de ce genre dont l'instruction ne puisse être faite en quinze jours; à Paris, elle dure, terme moyen, six mois... Il en est qui durent vingt mois!... Mais enfin l'instruction terminée, le prévenu va donc être jugé!... — Oh! oh! doucement! Premièrement, s'il s'agit de crime, il attendra la cession des assises, et, sous le moindre prétexte, son affaire sera remise à la session suivante. S'il doit être jugé par la police correctionnelle c'est une autre affaire : d'abord messieurs ne siégent pas le dimanche, et ils chôment le lundi cet affreux lundi, qu'ils

— Bravo! frère, c'est maintenant que vous vous montrez homme, et que votre intelligence est complète!.... A huitaine donc, comme disent les jugeurs.

— A huitaine, dites-vous? et c'est là tout? Mais dans huit jours je serai moi-même sous les verroux!

— Nous ne vous y laisserons pas mettre, répliqua Lambert en tirant de nouveau de sa poche le portefeuille dont il avait montré le riche contenu. Tenez, mon ami, ajouta-t-il en présentant à Hochelin plusieurs

reprochent si amèrement aux ouvriers! Puis ils ont des vacances; les grandes vacances d'abord, et les petites ensuite : vacances de Pâques, vacances de la Pentecôte, vacances du jour de l'an, etc., etc., etc... Et les *et cætera* sont innombrables. C'est quelque chose, n'est-ce pas? Ce n'est pas tout : l'audience, selon le programme, doit être ouverte à dix heures; en conséquence de quoi le président et ses assesseurs montent sur leurs sièges un peu à près midi; de deux à trois heures l'audience est suspendue, à cinq heures elle est levée.

billets de banque, commencez par désintéresser ce créancier qui vous menace; reprenez les billets que vous lui avez remis. Il manquera encore cinq mille francs de billets faux; eh bien! nous les remplacerons par de bons billets; cela viendra à la décharge des accusés; car on ne pourra vous soupçonner d'avoir pris de faux billets pour les remplacer par de bons. Ce sera une bonne action dont vous ne devrez compte à personne.

— Vrai Dieu! s'écria Hochelin, le vice, je le reconnais, a des splendeurs auxquelles la vertu ne saurait atteindre. Vous me sauvez, frère, et je vous sauverai; c'est parole échangée, et cette parole, ce n'est pas moi qui la violerai.

— Hochelin, dit Lambert en lui prenant la main et la serrant fortement, vous êtes un brave garçon qui vallez vingt fois plus que je ne saurais vous payer. Toutefois, ne soyez pas si absolu dans vos appréciations : il n'est pas d'homme vertueux qui ne puisse devenir un grand coupable, et il n'est pas de coupable qui ne puisse devenir homme de bien. Nous allons nous quitter ; retournez chez vous, et faites en sorte que l'on ne puisse soupçonner à votre air la moindre partie de ce qui vient de se passer. Quant à moi, je vais faire mes préparatifs ; car il faut que Pied-de-Fer soit instruit de notre projet ; et ce n'est pas là le plus facile. Adieu.

VIII,

A quoi servent les philanthropes.

La philanthropie commençait, à cette époque, à être fort en vogue dans notre beau pays de France; on se faisait philanthrope pour être quelque chose. Le métier, d'ailleurs, était facile et bon : on visitait les prisonniers, on quêtait pour les galériens, on écrivait sur tout cela de gros volumes qui n'avaient pas le sens commun et que l'on vendait fort cher, la philanthropie aidant ; et il en résultait que le philanthrope, au bout de l'année, avait grossi son pécule d'une vingtaine de mille francs.

Malgré la vie qu'il avait menée dans ces derniers temps, et peut-être même à cause de cette vie, Lambert était fort au courant de toutes ces choses ; il savait les noms de trois ou quatre des plus fameux philanthropes de Paris, lesquels, pour se tenir la tête fraîche, les pieds chauds, l'estomac bien garni, et courir le monde dans une bonne voiture, n'avaient autre chose à faire que quelques lourdes tartines touchant la réforme pénitentiaire, et un grand nombre de phrases creuses à l'endroit de ces honnêtes voleurs expiant, sous les verroux, les torts de la civilisation. Lambert était particulièrement édifié sur les prouesses d'un de ces Vincent de Paul au petit pied, lequel recevait, de toutes sortes de personnages haut placés, force billets de banque destinés à soulager de grandes infortunes, en raison de quoi il distribuait çà et là quelque menue monnaie, force paires de sabots et quelques misérables chemises, le tout par le canal de son valet de chambre, espèce de Petit-Jean chargé de la nourriture des chevaux, et qui, comme le suisse d'Amiens,

.....Aurait, vaille que vaille,
Pardessus le marché fourni même la paille.

Ce saint homme, ce philanthrope moderne, dont le nom était proclamé chaque jour par les cent voix de la renommée, avait été d'abord clerc d'huissier ; puis il avait fait l'usure ; puis enfin la philanthropie moderne s'était révélée à lui, et il marchait maintenant dans cette voie où il avait déjà pieusement ramassé trente mille livres de rentes. C'est à ce vertueux citoyen que l'ancien chauffeur résolut de s'adresser. Il loua donc une voiture, s'habilla magnifiquement, et vint se présenter chez cet ami des hommes qui, depuis qu'il était riche et avait ses entrées en haut lieu, s'intitulait le baron de Jolibret.

— Monsieur, lui dit-il tout d'abord, nous sommes frères, la philantropie nous unit de son lien simple et puissant. Comme frère, je vous aime ; comme philanthrope, je vous admire ; comme riche capitaliste, je viens vous demander conseil sur le placement de mes fonds.

— Monsieur, fit le baron en fronçant le sourcil, me prenez-vous pour un banquier ?

— Oui, monsieur, pour le banquier des

malheureux, des infortunés qui gémissent dans les fers : ils ont faim, et vous leur donnez à manger ; ils ont soif, et vous leur donnez à boire ; ils ont froid, et vous les réchauffez, selon les admirables paroles de l'évangile. C'est à cela, je le sais, toute la France le sait, que vous employez votre fortune.

— Monsieur, dit le baron, dont le visage se rasséréna tout à coup, je n'ai en cela d'autre mérite que d'obéir à mes convictions, que de suivre les impulsions de mon cœur. La loi est athée, monsieur ; elle frappe quand elle devrait moraliser ; j'essaie, moi, de guérir les maux qu'elle fait ; ce qu'elle menace d'anéantir, je m'efforce de le vivifier ; je travaille à moraliser les infortunés qu'elle abrutit, et c'est avec joie que j'emploie à cela mon intelligence et ma fortune.

— Et c'est aussi à cela que je veux employer la mienne, reprit Lambert; et n'étant pas doué de cette haute intelligence qui empêche d'errer, je viens vous supplier de guider mes premiers pas dans cette sainte voie. Nous visiterons d'abord, s'il vous plaît, les prisons de Paris, à l'infortunée population desquelles je destine une centaine de mille francs... Croyez-vous, monsieur, que l'on puisse faire quelque chose par là avec cent mille francs?

— On peut faire des merveilles, mon cher monsieur, répondit le baron dont les petits yeux gris commençaient à briller comme des vers luisants dans les ténèbres... La somme est-elle entièrement disponible?

— Entièrement. J'en ai même une partie sur moi que je vais vous supplier d'employer pour le mieux et à la plus grande gloire de la philanthropie. Dès que nous aurons visité les prisons de Paris, nous conférerons sur l'emploi du tout.

A ces mots, Lambert présenta au baron de Jolibret le reste de la liasse de billets qu'il avait entamée pour Hochelin; il y en avait dix. Le baron les prit, les compta, les déposa soigneusement dans un petit coffret en palissandre, placé sur sa cheminée, puis il vint à Lambert, les bras ouverts, et le pressa à plusieurs reprises contre son cœur.

— C'est le doigt de Dieu! s'écria-t-il, c'est le doigt de Dieu, frère, qui vous a conduit vers moi!... Je vous proclame philanthrope au premier chef,.. Je dirai vos vertus dans mon journal ; je les crierai sur les toits... Hosanna! hosanna! gloire à l'envoyé du très-Haut!...

— Vous voulez donc bien vous charger

de l'emploi de cette petite somme ? reprit modestement Lambert.

— De celle-ci, frère, et de toutes celles que vous voudrez consacrer à cette grande et belle œuvre de régénération, à laquelle je travaille de toutes mes forces.

— Et quand commençons nous nos visites apostoliques ?

— Dès demain... dès aujourd'hui, si vous le désirez.

— A demain donc, frère... Y a-t-il pour cela quelque formalité à remplir ?

— Aucune... Vrai Dieu ! Il ferait beau voir que l'on refusât l'entrée de ces limbes à des hommes comme nous !... Quelques fonctionnaires ont tenté d'abord de mettre des entraves à l'exercice de ce saint ministère; mais, Dieu aidant, nous avons renversé les obstacles, et... je suis heureux de vous l'apprendre, frère, la philanthropie commence à prendre racine à la cour... On doit cela à mon journal..... Lisez-vous mon journal, frère?

— Je le lis... où plutôt je le dévore...Je m'en inspire... je m'en nourris...

— C'est, en effet, la nourriture spirituelle qui convient le mieux aux belles âmes... Voulez-vous prendre un abonnement?

— J'en prendrai quatre, si vous voulez bien le permettre, répondit Lambert en tirant sa bourse. Cela fait?

— Une misère... deux cents francs... Mais il me reste encore quelques exemplaires de mon grand ouvrage... dix francs avec la remise... et je donne le treizième... Ensemble, trois cent vingt francs... Je vais faire mettre le paquet dans votre voiture.

— Et par où commencerons-nous demain ? demanda Lambert en comptant seize pièces d'or. Je serais bien aise de trancher tout de suite dans le vif. Les âmes fortes, vous le savez mieux que moi, n'ont pas besoin d'être préparées aux vives émotions.

— Cela étant, nous commencerons par la Force. Nous verrons là de ces natures énergiques ; de ces hommes qui seraient des demi-dieux s'ils n'étaient devenus des forçats... J'ai dit cela dans mon journal, monsieur.

— C'est une bien belle phrase, exclama Lambert sans quitter sa position humble.

— Et une grande pensée, monsieur !...

aussi l'ai-je répétée dans mon grand ouvrage... Vous verrez cela ; ce sont de ces œuvres qui restent.

Le baron avait raison ; ces écrits, quelque nauséabonds qu'ils fussent, n'étaient pas de ceux dont on pouvait dire :

« Sacrés ils sont, car personne n'i touche. »

On ne les lisait pas, il est vrai, mais on en achetait pour être à la mode, et ils *restaient*, précisément parce qu'on ne les lisait point.

— Je n'abuserai pas plus longtemps aujourd'hui de vos précieux instants, monsieur, dit Lambert en quittant le siége qui lui avait été offert.

— Eh ! mon digne ami, s'écria le baron en lui tendant de nouveau les bras, ne me faites-vous point l'honneur de me laisser votre carte?

— J'accours de la province pour me chauffer au soleil de votre gloire, répondit humblement l'ancien chauffeur; ma première sortie a été pour vous, et je n'ai même pas songé encore à choisir un logement décent. Souffrez donc que ce soit moi qui vienne à vous... Demain, vers midi, n'est-ce pas?

— Je vous attendrai avec impatience.

Ils s'embrassèrent, et Lambert sortit.

— Sur ma tête, se disait ce dernier en congédiant la voiture de louage, et en retournant pédestrement à la rue Zacharie, sur ma tête, je ne me croyais pas aussi fort que cela. Maintenant, je ne dois plus douter du succès; car, dès que l'on commence ainsi, on doit bien finir.

De son côté, le baron de Jolibret était dans la jubilation.

— Divine philanthropie ! s'exclamait-il en s'étendant voluptueusement dans son fauteuil à la Voltaire, philanthropie trois ou quatre fois sainte, voilà de tes traits !... Dix mille trois cent vingt francs d'un seul coup de filet ! c'est-à-dire trois ou quatre mois de cette bonne et confortable vie, de cette vie soyeuse, moelleuse, rêveuse, amoureuse, délicieuse !... Et dire qu'il y a par le monde une foule de gens mal pensants, illettrés, et sans savoir-vivre, qui ont une désagréable propension à prendre le plus respectable philanthrope pour un chevalier d'industrie !... De l'industrie, manants ! mais je me ferais scrupule d'en avoir; ce sont les gens qui viennent se jeter à ma tête qui sont industrieux. Evidemment, ces gaillards-là commencent par bâtir une foule de châteaux en Espagne puis, le rêve s'évanouit, et ils viennent à moi pour que je les aide à poser les premières pierres de monuments plus solides. Mais je n'en pose plus, mes chers agneaux !... J'ai peut-être eu ce tort-là autrefois, quand j'avais mon chemin à faire; mais aujourd'hui !... aujourd'hui, je fais... c'est-à-dire, je vends mon grand ouvrage; je fais rédiger mon journal, et je vis de la bonne vie : *je laisse vivre la bête*, comme disent les gens d'esprit... Demain donc, mon ardent néophyte, nous vous montrerons *ces grands martyrs de la civilisation*, comme on dit en philanthropie; nous leur ferons dire des merveilles, puis, nous verrons venir vos cent mille livres! hi! hi! hi! Ce monsieur est pressé de donner ses cent mille francs aux voleurs qui sont sous les verroux, de peur que ceux qui sont libres ne l'en dépouillent! Gribouille, mon ami, tu es dépassé, toi qui te jetais à la rivière de peur d'être mouillé par la pluie !... Ah! doucement, reprenons haleine... c'est que c'est dangereux de rire comme cela ! Il n'en faudrait pas davantage pour troubler une digestion bien commencée...

Le philanthrope digéra doucement, pendant le reste de la journée ; sa soirée fut charmante, sa nuit divine ; il dormit la grasse matinée, et son valet-de-chambre achevait de l'habiller au moment où Lambert arriva.

— Et arrivez donc, mon très-cher ! dit le charmant baron à son ami de la veille. Je me disposais à vous attendre.... Firmin, ajouta-t-il en s'adressant au valet, faites ouvrir ces huîtres d'Ostende, qui me sont arrivées hier soir... Cela, mon cher collègue, arrosé de bon vin de Sauterne, est le meilleur antidote de l'air pestilentiel auquel nous allons nous exposer tout à l'heure... Ah, ah! ce n'est pas tout roses!.. Firmin, vous recommanderez à Gervais de soigner les filets de perdreaux. Pas de truffes grises, surtout.... noires, toutes noires !.... Vous ne sauriez croire, mon très cher frère en philanthropie, la différence qu'il y a entre les deux espèces... C'est ce qui m'a fait dire un jour, chez l'illustre Grimod de la Reynière, que les *grises* ne sont bonnes que pour les *gris*. Le mot a fait fureur; on le répétait quinze jours après à la table de Cambacérès.... Allons nous mettre à table, cher ami.

Lambert n'eut garde de se faire prier; tout cela s'accordait trop bien avec ses vues pour qu'il n'abondât pas dans ce sens. On déjeuna donc assez longuement ; le philanthrope émérite ne songea guère à se ménager, tout joyeux qu'il était de l'aubaine de la veille, et comptant assez sur sa supériorité incontestable pour rétablir l'équilibre, le cas échéant. Lambert, au contraire, se tint sur la défensive, tout en dissimulant de son mieux cette réserve ; de sorte que lorsque ces deux apôtres de l'humanité se mirent en chemin pour faire leur première visite à ces grands martyrs de l'humanité, l'un avait préciment la force qui manquait à l'autre pour marcher droit, ce qui n'empêcha pas qu'ils fussent parfaitement accueillis par les autorités du lieu ; car, ainsi que l'avait judicieusement remarqué le baron de Jolibret, la philanthropie commençait à prendre racine à la cour, et l'on était alors excessivement courtisan à tous les degrés de l'échelle sociale.

Pendant que tout cela se passait, Pied-de-Fer se tenait sur la défensive ; il savait que Lambert avait reçu sa lettre, et était arrivé à Paris ; mais il connaissait l'intelligence de cet ami dévoué, et il était sûr que pour atteindre le but qu'il se proposait, ce compagnon, dont la capacité avait été si souvent mise à l'épreuve, ne marcherait pas dans les sentiers battus. D'un autre côté, il sentait la nécessité de se tenir en garde contre les piéges que ne pouvait manquer de lui tendre la marquise de Gastelar.

— Elle tremble, sans doute, pensait-il; car mon arrestation pourrait peut-être lui être aussi fatale qu'à moi-même. Toutefois, elle est trop habile pour ne pas comprendre que je ne parlerai qu'à la dernière extrémité; en conséquence, elle mettra tout en œuvre pour m'imposer un silence éternel avant que j'en sois arrivé là.

Ces prévisions ne tardèrent pas à se vérifier : Un jour que Pied-de-Fer rentrait dans sa cellule, après s'être promené quelques instants dans la cour, il fut très surpris de trouver sur la mauvaise table qui formait la partie la plus importante de son mobilier, un paquet assez volumineux ; il s'empresse d'en ôter l'enveloppe, et un énorme pâté s'offre à ses regards. Il n'ignore pas que rien n'arrive aux prévenus sans avoir été scrupuleusement visité au premier guichet ; cependant le pâté est intact ; il n'est pas une de ses faces qui présente la moindre solution de continuité. Il soulève ce pâté à plusieurs reprises, et il croit reconnaître que son poids est plus considérabe que s'il ne contenait que des viandes cuites.

— C'est un piége, se dit-il ; mais il est grossier : je ne mordrai pas à l'hameçon.

Il prit le pâté, descendit au guichet intérieur, et demanda à parler au directeur de la prison, homme fort dur, mais très accessible, contre l'ordinaire des fonctionnaires de cette espèce.

— Monsieur, lui dit Pied-de-Fer, vous voudrez bien constater que ce pâté n'a pas été ouvert, et comme il n'a pu être confectionné ici, il est incontestable que je ne puis savoir ce qu'il contient. Mais j'ai des ennemis puissants desquels mon innocence est connue ; ils savent que, malgré les terribles préventions qui s'élèvent contre moi, je ne redoute pas le grand jour de la justice, et ils cherchent certainement tous les moyens de me perdre avant que ce jour soit venu. Ce présent, arrivé jusqu'à moi, sans que je sache par quelle voie, m'est donc doublement suspect, et c'est à ce titre que je vous le remets.

Le directeur entra dans une grande colère, et voulut appeler les gardiens pour leur reprocher leur défaut de surveillance; mais Pied-de-Fer lui représenta que ce serait l'exposer, lui, prisonnier, à de terribles représailles. Le directeur, furieux, se rendit néanmoins à ses raisons, et, d'un coup de poing, il brisa le pâté. Aussitôt une foule d'objets divers frappa ses regards : c'étaient des limes anglaises, un poignard, plusieurs clés admirablement fabriquées, une corde de soie, roulée en pelotte, et un papier sur lequel était tracé le plan de la prison, plus un itinéraire d'évasion fort détaillé.

— Peste! fit le directeur, rien n'y manque, et cela a bien plus l'air d'être l'œuvre d'un ami que celle d'un ennemi.

Il parlait encore, lorsqu'un beau chien de Terre-Neuve, qui lui servait en quelque sorte de garde du corps, poussa des cris plaintifs en se roulant sur le carreau ; quelques instants après il était mort. Le pauvre animal avait mangé quelques débris de la croûte de pâté tombés aux pieds de son maître ; il était empoisonné. L'affaire devenait des plus graves ; la justice fut saisie ; on fit une enquête, mais on ne put rien découvrir.

A quelque temps de là, Pied-de-Fer, en se couchant, sentit dans son lit le froissement d'un papier ; il le prit, l'ouvrit et y lut ces mots :

« Demain matin, immédiatement après
« l'ouverture des cellules, le guichet in-
« térieur ne sera occupé que par deux
« gardiens ; l'un sera endormi, et l'autre
« se laissera bâillonner, dépouiller de sa
« veste et de sa casquette d'uniforme, au
« moyen desquelles on arrivera sans en-
« combre dans la rue. »

Pied-de-Fer fit de ce billet ce qu'il avait fait du pâté ; le directeur chassa ceux des gardiens dont la fidélité lui était suspecte ; on redoubla de surveillance, ce qui n'empêcha pas Pied-de-Fer de trouver, peu de jours après, son portrait grossièrement crayonné sur les murs de sa cellule, avec cette inscription au-dessous : *Traître. — Bon à tuer.* L'ex chauffeur se contenta d'effacer ces quatre mots, et d'y substituer ces deux vers :

> Cet animal est fort méchant,
> Quand on l'attaque il se défend.

Ces provocations avaient cessé, l'instruction du procès de Pied-de-Fer était presque terminée ; il attendait avec impatience que Lambert lui donnât signe de vie, lorsqu'un jour, faisant sur le préau sa promenade habituelle, il y trouva un nouveau prisonnier, détenu depuis la veille seulement, à propos d'une rixe de cabaret. C'était un homme de haute taille et de large carrure. Après avoir fait quelques tours, cet homme vint droit à Pied-de-Fer, le mesura d'un regard farouche, et dit d'une voix menaçante :

— Pourquoi me regardes-tu ainsi ?
L'ex-chauffeur comprit qu'il y avait encore de la marquise sous jeu.

— Garçon, répondit-il tout en se disposant à la lutte, je ne veux pas t'empêcher de gagner l'argent qu'on t'a donné, ou que l'on t'a promis, pour m'ôter le goût du pain ; mais je te préviens que j'ai les os durs.

— Vous voyez que c'est lui qui me provoque, cria le nouveau venu aux autres prisonniers.

On vit briller dans sa main droite un long

couteau qu'il leva en s'élançant sur Pied-de-Fer ; ce dernier para du bras gauche, qui fut percé de part en part, et, malgré la gravité de sa blessure, il prit son adversaire à bras le corps, en même temps qu'il lui saisissait le bras droit avec les dents pour l'empêcher de frapper. Tous deux roulèrent sur le pavé ; mais Pied-de-Fer, qui était parvenu à désarmer son adversaire, bondit tout à coup et se releva comme une balle élastique, puis, revenant sur l'assassin, et lui appuyant sur la poitrine ce pied terrible auquel il devait son nom de guerre :

— Je t'avais prévenu, dit-il, que mes os étaient plus durs que les tiens.

Un craquement horrible se fit entendre ; les côtes du vaincu étaient broyées ; on l'emporta mourant à l'infirmerie.

La blessure de Pied-de-Fer était une preuve irrécusable du guet-apens auquel il avait échappé; le cas de légitime défense était évident; aussi cette affaire n'eut-elle pas d'autres suites.

— Voilà qui va bien, se disait-il; mais la hyène n'en restera pas là, et Lambert ne paraît pas.

C'était sa plainte habituelle, et peut-être la répétait-il mentalement pour la millième fois au moment où l'on annonçait à M. le directeur la visite de M. le baron de Jolibret et d'un autre philanthrope prodigieusement riche et excessivement distingué.

Les geôliers, gardiens et porte-clés de tout grade exécraient les philanthropes, et ils avaient deux fois raison; car les philanthropes étaient devenus une puissance, non pas une puissance pensante, mais une puissance parlante et griffonnante, dont les élucubrations hypocrites vantaient sans cesse les hautes vertus de messieurs les galériens, au grand détriment des gens préposés à leur garde, et s'efforçaient de démontrer la nécessité de canoniser au plus tôt les forçats, d'ouvrir les prisons, et de ferrer solidement geôliers, gendarmes et argousins. Mais si la gente geôlière détestait ces écrivailleurs, elle ne les en craignait pas moins; les geôliers ne pouvaient rien contre les philantropes qui étaient bien en cour, tandis que les philanthropes faisaient et défaisaient des geôliers sans beaucoup de difficulté. Aussi nos deux visiteurs furent-ils reçus avec un apparent empressement chez le directeur de la Force.

— Monsieur, dit à ce dernier le baron de Jolibret en se rengorgeant, j'ai l'honneur de vous présenter un philanthrope de la haute école, l'un de ces hommes rares, comme la nature en produit trop peu; un homme auquel l'humanité tout entière élevera un jour des autels; c'est monsieur...

Le baron s'arrêta tout court; il ne savait pas encore le nom du personnage dont il faisait un si brillant panégyrique.

— Votre nom, mon illustre ami ? demanda-t-il en se tournant vers son compagnon.

— Lambertini.

— Lambertini... je l'avais sur les lèvres, le savant, le sage, le docte, le vertueux Lambertini, lequel désire vivement visiter la maison confiée à votre direction, sage et humaine; je me plais à le reconnaître, et même à le proclamer en haut lieu toutes les fois que l'occasion s'en présente.

— Je fais de mon mieux, monsieur le baron, et je sais que vous me tenez compte de mes bonnes intentions.

— Certainement, mon très cher... quand elles émanent d'hommes comme vous, cela a son prix. Mais je ne m'en contente pas toujours avec d'autres..... Eh! eh! l'enfer est pavé de bonnes intentions... j'ai dit cela dans mon grand ouvrage... Ainsi vous permettez que mon illustre ami...

— Je suis à vos ordres, messieurs, et j'aurai l'honneur de vous conduire partout où il vous plaira d'aller.

On commença à parcourir la prison, ce qui est bien la plus insupportable, la plus nauséabonde exploration qui se puisse faire. Comme, après avoir traversé le guichet intérieur, les deux visiteurs entraient sur l'un des préaux, le baron aperçut deux hommes chargés d'une énorme marmite en cuivre rouge qu'ils portaient à l'aide d'un morceau de bois ressemblant au timon d'une voiture, lequel passait horizontalement sous l'anse de la marmite et reposait à chaque extrémité sur l'une des épaules des porteurs.

— Ah! ah! dit-il, nous arrivons justement à l'heure de la distribution des vivres... Je suis sûr que c'est délicieux... monsieur le directeur ne souffrirait pas que cela fût mauvais. Mon cher Lambertini, nous y goûterons.

Lambert répondit par un signe affirmatif auquel le baron répliqua par un hocquet de fâcheux augure. Lambert lui prit vivement le bras.

— Vous sentez-vous mal? lui demanda-t-il à voix basse.

— Mon illustre ami... hoc!... ça n'est rien... Je crois pourtant que je ne me suis pas assez défié de l'Ostende... hoc! hoc!.. la verte et la cancale ne me font jamais cet effet-là. Quant à la soupe, vous comprenez que nous ferons semblant d'y goûter, parce que... hoc! vous sentez bien qu'après le champagne... quelle odeur!

Lambert commençait à être fort inquiet; c'était un peu comme cela qu'il voulait le baron; mais la péripétie de la digestion, rendue laborieuse par les spiritueux, arrivait trop promptement.

— Au nom de Dieu, tâchez de vous

contenir, disait-il tout bas à son trop intempérant patron; une indisposition de cette nature, ici, vous perdrait de réputation, et j'en mourrais de désespoir.

— Soupe! soupe! crièrent les porteurs en déposant leur marmite au milieu d'un assez large corridor.

En un instant on vit paraître une myriade de malheureux, armés d'écuelles de bois, qui tous se dirigèrent vers la marmite; mais, arrivés à une certaine distance de cet énorme vase dont le couvercle venait d'être enlevé, ils s'arrêtèrent. C'était quelque chose de navrant de voir tous ces visages hâves, allongés, déformés par la faim, la douleur et le désespoir, et qui, comme des âmes en peine, tournaient autour de ce vase fascinateur sans oser en approcher.

— Si personne n'en veut, on va lever la séance, dit l'un des deux porteurs qui était armé d'une énorme cuillère à pot.

Un enfant de seize ans s'approcha, tenant une écuelle de chaque main :

— Pour moi et pour mon père, dit-il.

Une cuillerée de bouillon houleux tomba dans chacune des écuelles.

— La marmite est écumée ! crièrent en cœur tous les autres prisonniers ; en avant !

Tous se précipitèrent vers le distributeur, et en un instant tout le contenu de la marmite passa dans les écuelles que tendaient ces malheureux.

Voici l'explication de cette scène, qui serait inintelligible pour beaucoup de lecteurs sans ce corrolaire : La soupe distribuée aux prisonniers était alors, *est encore aujourd'hui*, composée de bouillon animalisé avec des viandes immondes dont les honnêtes gens ne voudraient pas nourrir leurs chiens, et dans lequel on fait bouillir des haricots à moitié dévorés par les vers, des lentilles dans lesquelles les pucerons se trouvent dans la proportion de quatre-vingts sur cent. Quand cet affreux potage a suffisamment bouilli, tous ces hideux insectes forment une croûte à la superficie ; cette croûte est la part de ceux que l'on sert les premiers.

Pendant cette distribution, un regard avait été échangé entre Lambert et l'un des prisonniers qui avait reçu la soupe ; Pied-de-Fer avait reconnu son compagnon, son ami, et au lieu de retourner dans sa cellule, il s'était mis à manger sa soupe à l'un des angles du corridor.

— Nous ne pourrons pas goûter le potage, dit Lambert au baron, car il n'y en a plus.

— Eh bien, tant mieux, mon ami ; car..., hoc ! ce doit être une bien affreuse chose... après déjeuner.

Et comme les vapeurs du vin faisaient à chaque instant de nouveaux progrès, il tomba sur les genoux.

— Monsieur le baron est frappé d'apoplexie ! s'écria Lambert.

Le directeur, qui avait fait quelques pas en avant, revint précipitamment vers les deux philanthropes.

— Ah ! c'est un double malheur, dit-il, car on ne manquera pas de me l'imputer; tous les journaux libéraux vont crier à l'assassinat... Ici, Larose, Marcillac, Roulon !...

Dix porte-clés accoururent ; le directeur leur fit emporter le baron de Jolibret, qui avait tout à fait perdu connaissance ; et comme cet accident lui causait la plus vive inquiétude, il suivit le cortége sans trop s'occuper de ce qui pouvait se passer derrière lui. Lambert, profitant de cette circonstance, s'approcha de Pied-de-Fer, sous prétexte de goûter le potage que celui-ci mangeait lentement :

— Tu risques trop, dit Pied-de-Fer à demi voix.

— Et crois-tu donc qu'il soit possible de te tirer d'ici sans risquer quelque chose ?

Pendant qu'ils échangeaient ces paroles à voix basse, Lambert prenait la cuillère du prisonnier, et lui glissait, en échange, une bourse bien garnie et un poignard court et facile à cacher, mais d'une trempe supérieure, et mise à l'épreuve. En même temps, il plongeait la cuillère dans l'écuelle, et goûtait résolument cet affreux brouet dont le baron, en dépit de sa philanthropie, n'avait pu supporter l'odeur après boire.

— Ce potage est vraiment très bon, dit-il, de manière à être entendu des gardiens qui rôdaient à quelque distance, et bon nombre d'honnêtes gens en feraient volontiers leur ordinaire.

Puis, baissant la voix :

— Lundi prochain, on te conduira au palais. Au retour, la voiture sera attaquée...

Haut :

— Voilà pourtant, mon ami, ce que vous devez à la philanthropie, vertu divine et bien autrement ingénieuse que la simple charité !

Bas :

— Je serai là ; tiens-toi sur tes gardes, et tu seras sauvé.

Tout cela n'avait pas duré une minute. Lambert s'avança alors vers un des gardiens, et le pria de le conduire près du baron, ajoutant que l'inquiétude qu'il éprouvait l'obligeait à remettre la visite de la maison à un autre jour.

— Il est pourtant juste que je paie ma bien-venue, reprit-il après avoir fait quelques pas ; je respecte trop les réglements pour me permettre de donner directement quelque chose aux prisonniers ; cela doit passer, je le sais, par les mains de monsieur le directeur; mais je veux faire connaissance avec vous, mes amis, et voici de quoi boire à ma santé.

Tous les porte-clés tendirent la main en même temps. Lambert mit une pièce d'or dans chacune de ces mains rapaces, et il se dirigea vers l'appartement du directeur. Lorsqu'il arriva près du baron, ce dernier venait de rouvrir les yeux, grâce à l'infirmier-major de la maison, homme intelligent qui, à certains symptômes, avait reconnu la cause du mal, et venait de faire avaler au malade quelques gouttes d'amonniaque liquide étendues dans un verre d'eau.

— Ah! fit l'honorable Jolibret en regardant autour de lui, j'ai cru que j'allais mourir!

— Et c'eût été une mort bien glorieuse, dit Lambert, comme celle du soldat sur la brèche ; mais, pour la gloire et le bien de l'humanité, il vaut mieux que vous viviez, mon illustre ami, et, grâce au ciel ! vous voici hors de danger ; dans quelques instants on pourra vous transporter jusqu'à votre voiture.

Un quart d'heure après, en effet, tous deux roulaient vers le domicile du baron.

— Mon ami, disait ce dernier à Lambert, qui l'aidait à monter l'escalier de son appartement ; mon cher ami, défiez-vous des huîtres d'Ostende ; elles manquent de sel, et le sel est éminemment digestif... Il ne faut pas que ce que je vous dis là vous étonne ; c'est tout simplement de la philanthropie élevée à la troisième puissance.

A partir de ce moment, les heures coulèrent bien lentement pour Pied-de-Fer et pour Lambert. Ce dernier eut soin de faire de fréquentes visites à M. de Jolibret, et de le tenir en haleine par la perspective des cent mille francs qu'il se disait plus disposé que jamais à employer en œuvres philanthropiques ; il s'occupa en même temps avec la plus grande sollicitude des préparatifs qui devaient asssurer le succès du coup audacieux qu'il méditait.

— Frère, lui dit Hochelin le dimanche suivant, tout marche comme vous le désirez ; demain l'homme sera au palais, et j'ai arrangé les choses de telle sorte qu'il n'en sortira qu'un peu après la fin du jour.

— Mon ami, répondit Lambert en lui mettant un portefeuille contenant une somme double de celle qu'il lui avait promise, il n'y a point de fautes qui ne puissent être effacées par de bonnes actions ; c'est une vérité dont j'ai besoin d'être convaincu, et que je vous engage à ne point oublier. S'il arrivait que, par suite de l'événement qui se prépare, votre emploi vous fût enlevé, j'en serais promptement instruit et j'y remédierais aussitôt. Peut-être même conviendrait-il que vous prissiez l'initiative sur ce point, c'est à quoi je réfléchirai. Adieu.

Ce jour-là, il fit aussi ses adieux à sa sœur.

— Mon bon Lambert, lui dit-elle en pleurant, le bonheur était revenu ici avec toi; il s'en ira avec celui qui l'avait apporté.

— Rassure-toi, Suzanne, de loin comme de près, je veillerai sur toi, et le temps n'est peut-être pas éloigné où nous devons être réunis pour ne plus nous quitter.

Tant pis pour le lecteur qui pensera que

c'est là de la sensiblerie hors de saison car celui-la croit à la gangrène du cœur humain, et il nie l'évidence en refusant d'admettre que le mal est partout à côté du bien.

Pied-de-Fer montra beaucoup de mauvaise humeur en apprenant qu'on venait le chercher de la part du juge d'instruction.

— Il me semble qu'il serait temps que ces promenades finissent, dit-il brusquement à l'huissier; c'est bien assez pour un malheureux prévenu d'être privé de sa liberté sans qu'on le livre ainsi chaque jour à la curiosité publique.

— Bast! fit l'huissier, c'est une distraction.

— Mais cette distraction me déplait, et

vous pourriez bien la réserver pour ces gens sans cœur pour lesquels ces promenades sont des parties de plaisir.

— Peste ! pensa l'huissier, on n'accusera pas celui-ci de songer à séduire ses gardes !

Le prisonnier monta de fort mauvaise grâce dans la voiture, et il passa la journée presque entière dans l'endroit appelé souricière, où, devant les gendarmes et les autres détenus, il ne cessa de donner des preuves d'une vive contrariété. Enfin on le conduisit devant le juge, et grâce au greffier dont la plume avait souvent besoin d'être taillée, et qui se faisait répéter deux ou trois fois les mêmes phrases, il faisait nuit lorsqu'on le ramena vers la souricière qui était entièrement évacuée, et où il attendit l'une des voitures de transport. La nuit était déjà fort sombre lorsqu'on vint l'extraire de la lugubre salle d'attente. La carriole est là, et la joie fait battre le cœur du captif lorsqu'il reconnaît qu'il n'a point de compagnon de voyage.

— L'heure est venue où le sort de ma vie entière doit se décider, dit-il en s'armant de son poignard, qu'il était parvenu à dérober pendant huit jours à tous les regards ; à moi le courage, l'audace qui m'ont tant de fois sauvé des plus grands périls.!

La voiture roulait, le gendarme chargé de l'escorter marchait derrière au petit trot, et semblait être dans une parfaite quiétude. On parcourut ainsi le quai aux Fleurs, le pont Notre-Dame, le quai de Gèvres, la place de l'Hôtel-de-Ville ; puis la voiture s'engagea sous l'arcade Saint-Jean, qui n'existe plus maintenant ; les chevaux ralentirent le pas pour franchir la rue du Monceau-Saint-Gervais, puis, arrivés près l'église, ils reprirent le trot. La voiture venait de franchir la place Beaudoyer, et le gendarme était à la hauteur de la rue des Barres, lorsqu'un homme passa à côté de lui en le serrant de près. Presque au même instant, son cheval s'abattit et inonda le pavé de son sang. Le gendarme, dont la cuisse était engagée sous sa monture, fit de vains efforts pour se dégager; mais en un instant les passants et les boutiquiers s'attroupèrent autour de lui; on le releva et il fut transporté dans une boutique du voisinage. La voiture roulait toujours; elle était arrivée vis à vis la rue de Jouy lorsque le porteur du postillon s'abattit comme celui du gendarme. Les passants s'attroupèrent de nouveau; mais tandis qu'on secourait le postillon dont le cheval avait été frappé au cœur, Lambert, armé d'une sorte de hache d'armes, s'élança sur la portière vérouillée qu'il brisa en un clin d'œil ; Pied-de-Fer, auquel la chute du postillon avait donné le signal, bondit comme un tigre sur le pavé. L'huissier, de son côté, ayant ressenti la secousse, se hâta de quitter la place qu'il occupait sur le devant de la voiture, séparé de l'intérieur par une grille ; mais avant qu'il eût mis pied à terre, Pied-de-Fer et son libérateur avaient disparu.

Lorsque les fugitifs se crurent en sûreté, Pied-de-Fer, tendit la main à Lambert.

— Toi seul pouvait me sauver, lui dit-il ; je te dois trois fois plus que la vie. Arrêtons-nous un moment et respirons.

— Pas encore, répondit Lambert, ne livrons rien au hasard, car étais si tu repris il n'y aurait plus de chances de salut.

— Marchons donc, répliqua Pied-de-Fer en doublant le pas.

Ils arrivèrent bientôt dans le cloître Saint-Honoré ; Lambert conduisit Pied-de-Fer au cinquième étage d'une maison ayant son entrée vers le milieu d'un sombre passage, et il l'introduisit dans un petit logement qu'il avait loué et meublé depuis quelques jours.

— Maintenant, dit-il, nous pouvons causer et délibérer tranquillement, tandis que, pour nous chercher, on va explorer les hôtels garnis et courir sur toutes les routes. Quant à moi, voici mon avis : nous passerons ici huit jours sans franchir le seuil de la porte de cette chambre ; j'ai fait des provisions ici en conséquence. Dans huit jours nous sortirons de Paris chacun par une barrière différente, et nous nous rejoindrons à Orléans, sur la place du Martroi, à l'hôtel de l'Europe. Là nous ferons viser les passe-ports dont je me suis muni à Florence, en alléguant que des lettres que nous avons trouvées en arrivant à Orléans, nous mettent dans la nécessité de repartir pour l'Italie, sans avoir été jusqu'à Paris, ainsi que nous nous le proposions.

—Huit jours! répondit Pied-de-Fer, et pourquoi perdre un temps si précieux? Il ne me faudrait peut-être que vingt-quatre heures pour retrouver Régine sans laquelle ce pauvre enfant ne peut vivre; déjà j'étais sur ses traces...

—Oui; mais on était sur les tiennes, et tu sais ce qui en est advenu.

— Mais si Adrien nous voit revenir seuls rien ne pourra le retenir à Florence, et tu le sais, Lambert, c'est par lui que je suis régénéré. C'est lui qui a réveillé mon âme si longtemps engourdie; il m'a fait entrevoir des joies nouvelles, et je me suis pris à aimer la vie, moi, qui en avais fait si bon marché jusque-là ; par lui, à cause de lui, je suis presque devenu un homme de bien, et je puis me dire : il y a au monde un cœur honnête qui m'aime, un digne garçon plein d'honneur, qui n'a jamais failli et qui m'appelle son père ; qui est joyeux près de moi et que mon absence attriste... Oh ! tu me comprends, Lambert, car tu l'aimes aussi toi ce brave enfant, et tu as ressenti quelque chose de tout cela.

— Eh bien ! ce sont là autant de raisons qui doivent te porter à ne pas risquer de nouveau ta liberté. Lui-même, l'excellent jeune homme, si l'on pouvait le consulter sur ce point, serait, j'en suis sûr, de mon avis. Puisque tu avais été dépouillé de tes papiers avant de tomber aux mains de la police, il n'est pas probable que ta retraite près de Florence soit connue ici. Le fût-elle, d'ailleurs, les autorités du grand duché vous protégeraient efficacement. Laissons donc passer l'orage; dans quelque temps tu me donneras tes instructions; je reviendrai seul, et ce que tu voulais faire je le ferai.

Ce ne fut pas sans peine que Pied-de-Fer se rendit à ces raison; mais enfin il se laissa persuader.

Ce jour-là même, Henri mettait à la poste, pour Florence, une lettre ainsi conçue :

« Madame la marquise,

« J'espère ne pas être assez malheu-
« reux pour que vous doutiez de mon dé-
« vouement, et je crois, en outre, vous
« avoir donné quelques preuves de capa-
« cité. De plus, j'ai suivi, à la lettre,

« toutes vos instructions ; l'audace ne
« m'a pas manqué un instant, et pourtant
« j'ai échoué complètement. Aucun des
« moyens que vous aviez imaginés n'a pu
« réussir : la bête a senti le piége, puis
« elle a tenu tête aux chiens. Et Dieu sait
« pourtant quels dogues j'avais mis à ses
« trousses ! eh bien ! il a été éventré du
« premier coup de boutoir.

« Ce Pied-de-Fer est un rude jouteur,
« madame la marquise : le pâté a été re-
« mis par lui au geôlier sans avoir été ou-
« vert ; le billet n'a pas eu meilleure
« chance ; quant à Jorgo, ce terrible
« boxeur qui s'était fait arrêter tout ex-
« près pour gagner les cinquante louis
« que je lui avais comptés, et les cin-
« quante autres que je devais lui remettre
« après l'expédition, il s'est laissé tuer
« comme un sot, sans que sa mort ait
« servi à quelque chose, puisque Pied-de-

« Fer a pu invoquer le cas de légitime dé-
« fense où il se trouvait.

« Tout cela ne serait rien, madame la
« marquise, sans un autre événement in-
« finiment plus grave; on pouvait se con-
« soler de n'avoir pas réussi tant qu'il
« était possible de recommencer; mais
« j'apprends à l'instant que Pied-de-Fer a
« réussi à s'évader : la police est à ses
« trousses; de mon côté j'ai mis tout mon
« monde sur pied. Le Palais-Royal est le
« point que je fais garder avec le plus de
« soin ; j'y suis de ma personne, et j'ai la
« presque certitude que je ne perdrai pas
« mon temps.

« Veuillez, je vous en prie, madame la
« marquise, m'envoyer de nouvelles ins-
« tructions, et une lettre de crédit sur
« votre banquier. Ces Enfants du Feu sont
« de terribles gens qu'il est fort difficile

« de satisfaire. On a pu obtenir la mise en
« liberté d'Anne Jovelet, qui avait quel-
« ques accointances parmi le personnel
« de la police, et qui a constamment sou-
« tenu qu'elle ignorait ce qui se passait
« dans ses caves. Toutefois, je la crois
« observée de près, et elle menace de
« faire des révélations si on ne l'indemnise
« suffisamment.

« Avisez, madame la marquise ; quant
« à moi, je suis sur la brèche, et j'y res-
« terai, quoi qu'il puisse arriver, afin que
« vous ne puissiez en aucun cas douter du
« dévouement de votre humble servi-
« teur. »

V.

Deux ennemis en présence.

L'arrivée de la marquise de Gastelar à la villa Mafiolini avait été pour Adrien l'aurore d'une vie nouvelle. La marquise avait fait somptueusement meubler une maison à Florence, mais pour la forme seulement, car elle ne quittait point la villa où Adrien était sans cesse environné de toutes les séductions que pouvait imaginer l'esprit ardent et fertile de cette femme. Adrien respirait la volupté par tous les pores, et il succombait sous la puissance de cette espèce de narcotique qui énerve les organisations les plus énergiques, et qui engourdit les plus terribles douleurs. Parfois, pourtant, il lui arrivait encore de penser à Régine ; mais ces pensées n'étaient plus qu'un pâle reflet de celles qui lui avaient tant de fois brûlé le cœur ; les beaux jours qu'il avait passés près de cette charmante enfant ne lui apparaissaient plus que comme un rêve à demi-effacé. Lambert, Pied-de-Fer lui-même, ce père adoptif qui lui avait fait prendre rang parmi les puissants de la terre, n'éveillaient plus chez lui que des souvenir confus, couverts d'un nuage qui chaque jour semblait devenir plus épais.

— Ame de mon âme, cœur de mon cœur, lui disait un jour la marquise pendant un de ces longs et délicieux tête-à-tête dont elle savait varier les charmes à l'infini, pourquoi faut-il qu'un caprice d'enfant nous ravisse la plus grande partie du bonheur que nous pourrions goûter? Comme toi, ami, je me sens mieux vivre sous ce beau ciel d'Italie; mais la campagne de Naples n'est-elle pas aussi un pays enchanté?... Là, nous serions ignorés du monde entier; nous n'aurions plus à redouter, moi le retour, toi la censure de cet homme envers lequel tu te crois lié, parce que tu le connais mal. Serait-ce que tu veux absolument pénétrer ce mystère? Eh bien, j'ai soulevé un coin du voile, et je le déchirerai tout entier bientôt, j'en prends l'engagement... Enfant chéri! à Naples seulement nous serons entièrement l'un à l'autre.

— Divine amie, quelles délices inconnues me réserves-tu donc ?

— Adrien ! ma vie, mon Dieu ! Dis que tu ne veux être qu'à moi !... que nous vivrons et mourrons ensemble.... Tu parles de délices !... Oh ! j'en sais une source intarissable à laquelle nous puiserons ensemble, sans cesse et toujours... dis, dis, enfant, que tu es prêt à m'accompagner.

— Amie, laisse-moi donc m'enivrer de tes douces paroles, de tes promesses brûlantes... Arrière les ennuis !... Le feu de tes regards me brûle le cœur... Oui, je suis à toi... à toi, toujours !...

— Oh ! non, non, tu n'es pas à moi... je ne tiens que la seconde place dans ton cœur...

— La première, la première !... partout et toujours !

La passion débordait le cœur du jeune homme ; il prit la marquise dans ses bras et l'emporta sous le berceau de fleurs qui ombrageait la terrasse sur laquelle s'ouvraient les fenêtres du salon où ils se trouvaient.

En ce moment, le jour commençait à baisser ; deux hommes, arrivés à Florence une heure auparavant, n'avaient pris que le temps de changer de chevaux, et maintenant ils suivaient le chemin qui conduisait de cette ville à la villa Mafiolini. C'était Lambert et Pied-de-Fer, qui avaient heureusement échappé aux dangers d'une longue route.

— Je ne sais ce que j'éprouve, disait ce dernier, je ne suis plus qu'à quelques pas de mon enfant bien-aimé, et je crain d'arriver jusqu'à lui. Et pourtant, Lambert, je me sens autant et plus d'énergie qu'aux jours les plus terribles de notre vie passée.

— Pardieu ! je comprends cela ; mais...

— Ah ! tu comprends... merci ! Lambert, merci, mon brave ami... C'est qu'en vérité, malgré la force et l'énergie que je me sens, il y a des moments où je crains de tomber en enfance... En vérité, le premier choc m'épouvante ; qu'allons-nous lui dire, à ce pauvre enfant, quand il nous demandera ce que nous avons fait de sa femme bien-aimée ?

— Bast ! nous lui dirons que la jeune personne demande un délai ; puis, nous parlerons chasse, voyages, théâtre, musique, et comme il est incontestable qu'une passion chasse l'autre...

— Mais si nous n'allions rien chasser du tout ?

— Alors, sacré mille diables! nous nous rabattrons sur la raison; c'est mon fort à moi : tu me laissera faire, et je démontrerai clairement à son altesse la nécessité où elle se trouve de chasser sur ses terres, en attendant la venue de l'oiseau capricieux après lequel elle soupire, et que, je le dirai du moins, nous avons été impuissants à apprivoiser. Son altesse voudra des nouvelles, des détails, on lui en fera. Est-ce que ce n'est pas ainsi que les choses se pratiquent ordinairement à l'endroit des princes qui ont la prétention d'en savoir plus qu'on ne veut leur en apprendre?

— Diable! maître Lambert, je ne vous croyais pas de cette force... Mais là, franchement, mon vieux camarade, tu crois donc à la possibilité de lui faire entendre raison sur ce point?

— J'en suis sûr, pourvu que tu ne viennes pas jeter des bâtons dans les roues de mes raisonnements.

— Je serai muet.

— Justement, il sera nuit fermée lorsque nous arriverons; il sera seul. Nous lui parlons de sa bien-aimée ; sur ce point tu me laisseras pérorer, te bornant à approuver mes paroles par une pantomime plus ou moins expressive; puis, tu appuieras vigoureusement et éloquemment mes conclusions : son altesse sera convaincue, et nous lui enleverons une promesse de sagesse à la baïonnette.

Ils continuaient à marcher et déjà, à travers le crépuscule, la villa se dessinait à leurs regards, lorsque Pied-de-Fer s'écria:

— Mille millions de diables! est-ce que mes pressentiments seraient justifiés?

— Qu'as-tu donc? demanda Lambert en se rapprochant de lui.

— Écoute, mon ami; depuis le jour où la police est venue m'arracher des griffes de cette furie qui voulait me poignarder; depuis surtout le jour où tu m'as fait connaître ta présence à Paris, une crainte n'a cessé de me tourmenter. La marquise m'avait fait dépouiller des papiers qui se trouvaient sur moi, et, quelque insignifiants qu'ils fussent, ils pouvaient sinon lui faire connaître sur-le-champ la retraite que j'avais choisie, au moins la mettre sur la voie.

— Et qu'importe! nous sommes forts ici : les ministres du grand duc feraient de la diplomatie pendant des siècles avant de consentir à ce qu'on nous fît tomber un cheveu de la tête.

— Oui; mais ces ministres ne sont que des hommes, et... tiens, regarde... à travers les jasmins qui couvrent la petite terrasse de l'est...

— Je vois quelque chose de blanc, des formes indécises qui s'agitent sous le feuillage.

— Lambert, je vois mieux que toi, et je n'en doute plus; c'est une femme!

— Tant mieux! Je donnerais beaucoup pour que son altesse eût ici quelque affaire de cœur.

— Mais cette femme, si c'était madame de Gastelar?... Appuyons à droite, mon ami, nous ferons halte derrière ce bouquet de platanes que j'aperçois à une portée de fusil, et nous pourrons délibérer... Je ne sais ce qui va arriver, mais il me semble que nous touchons à quelque grand événement.

Un instant leur suffit pour arriver au lieu indiqué ; là, ils mirent pied à terre et s'assirent sur le gazon.

— Je crois, dit alors Pied-de-Fer, que nous ferons bien d'attendre ici que la nuit soit entièrement venue ; nous laisserons alors nos chevaux, et nous pénétrerons dans la villa en escaladant le mur au nord, afin d'arriver ensuite au corps de logis protégés par la charmille. Nous prendrons ensuite conseil des circonstances.

— Allons, reprit Lambert en riant, quoiqu'il soit assez peu agréable de batailler contre des moulins à vent, je n'ai pas de raison suffisante pour refuser de faire le Sancho, alors que tu veux absolument marcher sur les traces du héros de la Manche.

Pied-de-Fer ne répliqua point ; la sueur ruisselait sur son visage dont les muscles étaient agités de mouvements convulsifs, ainsi que cela lui arrivait toujours à l'approche de quelque grave événement : il s'assit, laissa tomber sa tête sur sa poitrine, et donna un libre cours aux pensées qui l'assaillaient. A chaque instant, la nuit devenait plus sombre ; bientôt la villa ne leur apparut plus que comme une masse informe ; puis, enfin, les ténèbres l'enveloppèrent complètement.

— Prends tes pistolets et partons, dit Pied-de-Fer en se levant brusquement.

Lambert obéit ; tous deux s'armèrent, puis ils partirent après avoir attaché leurs chevaux à un des arbres près desquels ils s'étaient reposés. L'escalade d'un mur de dix à douze pieds d'élévation n'était pas une opération bien difficile pour des hommes de cette trempe. Pied-de-Fer, après avoir monté sur les épaules de Lambert, arriva d'un bond sur le faîte du mur, s'y plaça sur le ventre, et se penchant autant que possible, il tendit la main à son compagnon, qui le joignit sans beaucoup d'efforts. Tous deux sautèrent ensuite dans le jardin, et s'avancèrent avec précaution. Il n'y avait plus personne sur la terrasse de l'est; le plus profond silence régnait partout, et on ne voyait de lumière que dans la chambre d'Adrien, à travers les persiennes à demi-fermées, et cette lumière était bien faible.

— J'ai grand'peur, dit Lambert en riant, que nous ne trouvions pas même les moulins à vent.

— Silence, dit Pied-de-Fer ; ne vois-tu pas une ombre se dessiner sur les rideaux de la deuxième fenêtre ?

— En effet, je crois apercevoir quelque chose comme cela.

— C'est l'ombre d'une femme.

— Je ne dis pas non ; mais je ne suis pas de force à reconnaître le sexe d'une ombre à une si grande distance ; et entre nous, mon cher maître, j'ai dans l'idée que le dernier mauvais tour que vous a joué cette diable de femme vous a quelque peu brouillé la cervelle.

— Ne ris pas, Lambert ; il est certain que la terre est maintenant trop petite pour que cette femme et moi y puissions vivre en paix... Encore l'ombre ; regarde ! regarde, c'est bien sa taille svelte, ses mouvements arrondis... Toute cette désinvolture à damner les saints..... Oh! je donnerais la moitié du temps qui me reste à vivre pour pouvoir voir et entendre ce qui se passe là sans que ma présence pût être soupçonnée.

— Est-ce donc chose si difficile pour qu'il faille la payer si cher? J'aperçois justement l'échelle double du jardinier qui va nous permettre d'atteindre la terrasse; j'ai au doigt un diamant qui semble avoir été taillé exprès pour couper les vitres. Nous pénétrons ainsi dans le salon du premier étage, d'où nous descendons au rez-de-chaussée, afin de nous glisser dans l'escalier dérobé qui conduit au cabinet de toilette de son altesse; de là.....

— C'est cela! c'est cela! interrompit Pied-de-Fer; Je crois, en effet, que l'émotion que m'a causée cette apparition diabolique m'ôte une partie de mes moyens,

A l'œuvre, garçon ; ne perdons pas une seconde.

L'itinéraire que Lambert venait de tracer fut ponctuellement suivi ; tous deux, arrivés à l'escalier dérobé, quittèrent leurs chaussures, puis ils montèrent lentement et en retenant leur haleine. Lambert tourna doucement le bouton de la porte du cabinet de toilette. Ils s'aperçurent alors que la porte qui, de cette pièce, donnait entrée dans la chambre à coucher, était entr'ouverte, de telle sorte qu'un rayon de lumière pénétrait dans le cabinet. Pied-de Fer fit signe à Lambert de s'arrêter, puis se couchant lui-même à plat-ventre sur le parquet, il braqua sur l'ouverture ses deux yeux dont les regards purent ainsi pénétrer dans toutes les parties de la chambre à coucher. Il aperçut d'abord Adrien, à demi-vêtu, étendu sur un divan et profondément endormi ; puis une femme qui se promenait à pas lents, et qui, en ce moment, lui tournait le dos. Arrivée à l'extrémité de l'appartement, elle s'arrêta un instant ; puis elle fit demi-tour. Peu s'en fallut qu'un cri de rage ne s'échappât de la poitrine de Pied-de-Fer lorsqu'il reconnut la marquise. Elle tenait un papier qu'elle froissait avec colère entre ses doigts crispés.

— Sauvé! disait-elle, sauvé!... quand je le croyais anéanti! Ainsi me voici de nouveau à la discrétion de cet homme qui a tous mes secrets... Et il va venir m'arracher cette proie, me ravir l'amour de ce demi dieu, amour qui s'est spontanément ravivé dans mes bras, et qui semblait ne devoir s'éteindre jamais!...

En prononçant ces dernières paroles, les éclairs de ses yeux se dirigèrent sur Adrien, dont le sommeil était toujours aussi profond. Puis s'arrêtant et se frappant le front :

— Oh ! non, non ! cela ne sera point. Ce sommeil si profond doit durer plus de quatre heures encore, et c'est plus qu'il n'en faut pour que mes ordres soient exécutés... Dans une heure, au plus tard, la voiture sera ici... Nous partons ensemble. Et si, au réveil, il revendiquait sa liberté, s'il refusait de me suivre..... Eh bien ! malheur à lui, malheur à moi... Je le tuerais !

A ces mots, l'une de ses mains, agitée par un mouvement fébrile, s'éleva à la hauteur de sa poitrine, et saisit le manche d'un poignard comme toujours caché sous la gaze et la soie qui lui couvraient la gorge. Puis elle s'approcha d'un guéridon sur lequel elle prit une bouteille dont elle examina le contenu.

— C'est beaucoup, reprit-elle, un demi-verre de plus et il était mort... Mais peut être est-il écrit qu'il faut qu'il meure aujourd'hui.

Elle se tut de nouveau et parut écouter attentivement.

— J'avais cru entendre le roulement de la voiture, dit-elle en s'approchant d'une fenêtre dont la persienne n'était pas entièrement fermée. Encore quelques instants ; cela ne peut tarder.

Elle avait à peine prononcé ces derniers mots, lorsque Pied-de-Fer se leva et alla vers Lambert, qu'il entraîna à l'angle le plus éloigné de la porte.

— Je ne m'étais pas trompé, lui dit-il, c'est elle !... C'est cet horrible démon vomi par l'enfer pour me tourmenter. Elle est instruite de mon évasion. Adrien est là, endormi par elle..... empoisonné peut-être ! Elle attend une voiture pour l'enlever, et s'il se réveille, s'il résiste, elle se propose de le tuer !... Te moqueras-tu encore de mes pressentiments ?... Suis-moi maintenant : ma résolution est prise ; tu vas voir !

Cela dit, il poussa violemment la porte entr'ouverte, et vint tomber comme une bombe à deux pas de madame de Gastelar, dont il étreignit fortement la taille, et qu'il commença par désarmer.

— Je tiens le serpent, dit-il à Lambert qui le suivait ; hâte-toi de l'empêcher de siffler.

Lambert saisit l'un des cordons de soie qui faisaient jouer les rideaux, le coupa à la hauteur d'un mètre avec le poignard qui était tombé à ses pieds, puis il en fit deux tours sur le cou de la marquise, et il se disposait à l'étrangler lorsque Pied-de-Fer l'arrêta.

— Infâme vipère, dit alors ce dernier ; je puis, tu le vois, t'écraser la tête, et je le ferai au premier cri qui t'échappera, au premier mot que tu tenteras de prononcer. Je ne te permets de parler que pour répondre aux questions que je te ferai. Mais, avant tout, nous allons te mettre dans l'impossibilité de jouer des pieds et des mains.

Un frémissement de rage agita tout le corps de madame de Gastelar ; mais elle ne répondit pas autrement. Lambert coupa encore deux ou trois cordons semblables au premier, à l'aide desquels la marquise fut solidement garrottée et attachée sur un fauteuil.

— Maintenant, reprit Pied-de-Fer, nous pouvons délibérer sur le sort de cette hyène.

— Quant à moi, dit Lambert, je crois qu'il faudrait l'expédier tout de suite, sauf à délibérer après.

— Tu as peut-être raison, mon ami; mais il me répugne de faire l'office de bourreau...... Voilà ce que c'est que de devenir honnête homme mal à propos.

— Si nous ne devons pas la tuer, autant vaut lui rendre la liberté sur-le-champ, car elle nous échappera tôt ou tard.

— Qu'importe si, d'ici là, nous l'avons mise dans l'impossibilité de nuire?

Et, se tournant vers la marquise, il ajouta:

— Vous voyez, ma belle, que je suis bon prince. Mon droit, mon devoir, peut-être, serait de vous faire sauter la cervelle à l'instant même, à vous, qui vouliez me poignarder parce que vous ne trouviez pas parmi nos anciens compagnons une main qui osât se lever sur moi ; à vous qui m'avez envoyé un pâté empoisonné, qui avez payé des tueurs pour m'égorger en prison, le tout, pour me punir d'avoir été amoureux de votre belle personne, et d'avoir eu pitié de vous alors que, d'un mot, je pouvais vous envoyer à l'échafaud..... Eh bien, je vous aurais pardonné tout cela ; mais vous avez voulu m'enlever mon fils adoptif, ce brave enfant qui m'aime. Peut-être même êtes-vous parvenue à remplacer dans son cœur l'amour filial par la haine?... Oh ! s'il en était ainsi !... S'il devait me haïr à cause de toi, exécrable vampire ! mille diables ! je te ferais souffrir toutes les tortures de l'enfer avant de te tuer, de peur que Satan, qui t'a pétrie, n'eût pitié de toi.

En parlant ainsi, son regard s'enflammait, ses cheveux se dressaient sur sa tête, et l'on voyait aisément à l'agitation convulsive de ses mains, qui serraient les pommeaux de ses pistolets, quelle violence il faisait pour ne pas céder.

— Voyons, reprit-il après quelques instants, tâchons d'être calmes comme il convient à des juges; car nous allons vous juger, madame!... Dites-nous d'abord depuis combien de temps vous êtes ici.

— Vous pouvez m'imposer silence, répondit la marquise à demi-suffoquée par la fureur; mais vous ne me ferez point parler malgré moi, et je vous déclare que je ne répondrai à aucune de vos questions.

— Vous voulez donc, marquise, nous

forcer à employer ces moyens anodins dont nous avons fait autrefois, vous et moi, un si fréquent usage quand il s'agissait de faire dire aux gens ce qu'ils avaient résolu de taire... Vous savez alors que vos jolies mains ardaient si bien les manants assez mal appris pour vous refuser quelque chose ?

— Je suis en ton pouvoir, s'écria-t-elle, en proie à une exaltation toujours croissante ; eh bien ! tue-moi misérable ! tue-moi afin que je cesse de souffrir, en cessant de te voir et de t'entendre.

— Sacré mille diables ! s'écria Pied-de-Fer en saisissant un de ses pistolets, je crois qu'elle a raison, et c'est ce que nous avons de mieux à faire : morte la bête, mort le venin... Qu'en penses-tu, Lambert ?

— Je pense qu'en toutes choses il faut considérer la fin, et je me dis que ce serpent ne cessera de mordre que lorsqu'on lui aura arraché les dents.

— Arrachons donc et ne tuons pas ; ne recommençons point le passé, car, en revenant sur nos pas, le pied pourrait nous glisser dans le sang.

Il se croisa les bras sur la poitrine, et il réfléchit pendant quelques instants. Puis, relevant la tête, il reprit d'un ton solennel :

— Oui, c'est assez, c'est trop de sang. Cette femme n'est dangereuse que parce qu'elle est belle ; elle va cesser de l'être. Il faut qu'en se réveillant, ce brave enfant qu'elle a séduit et qui s'est probablement endormi dans ses bras ; il faut, dis-je, qu'il recule d'horreur à l'aspect de cette infâme à laquelle le diable a donné les traits d'un ange... Non, madame, je ne vous tuerai point ; vous aurez, comme moi, le temps de vous repentir, et vous ferez pénitence dans la solitude ; car votre visage sera désormais aussi hideux que votre âme, et si vous ne fuyez le monde, le monde vous fuira, tant votre aspect inspirera de dégoût. C'est là votre sentence, madame! Après l'exécution la liberté vous sera rendue ; et, si alors vous osez formuler la moindre plainte contre moi, j'y répondrai en déroulant aux yeux de tous l'histoire de votre vie ; je fournirai à la justice les preuves de tout ce que j'avancerai, et vous n'échapperez pas au bourreau, car vous pourriez dire comme Nézel, notre complice à tous deux : *quand j'aurais des têtes depuis Paris jusqu'à Lyon, on pourrait me les couper, et j'en redevrais encore.*

— Oh! le lâche, répondit la marquise, mutiler une femme sans défense...

— Tout condamné a le droit de maudire ses juges ; usez de ce droit, marquise, car l'arrêt est irrévocable.

Il se tourna alors vers Lambert, à qui il dit quelques mots à voix basse. Ce dernier sortit de la chambre, et il revint un instant après, apportant une fiole hermétiquement bouchée et un petit stylet à lame courte et effilée. Pied-de-Fer prit la fiole, la déboucha, et afin de s'assurer que la liqueur qu'elle contenait n'avait rien perdu de sa puissance, il en versa quelques gouttes sur la table ; aussitôt le liquide bouillonna ; il s'en dégagea une fumée âcre, et il se fit dans le bois de la table une sorte de sillon qui s'étendit jusqu'à ce que la dernière goutte de cette liqueur corrosive se fût évaporée. La marquise, qui suivait du regard tous les mouvements de son ennemi. poussa un cri d'effroi.

— Charles ! Charles ! s'écria-t-elle, oh ! par pitié, tue-moi !... Oui, oui, j'ai mérité la mort... Je t'ai trahi, j'ai voulu te poignarder ; j'ai tenté de t'empoisonner... J'avouerai tous les crimes dont tu voudras m'accuser. Mais, je t'en conjure, épargne-moi cet horrible supplice.

Un sourire infernal effleura les lèvres de Pied-de-Fer.

— Tiens-lui la tête, dit-il à Lambert.

Ce dernier alla se placer derrière le fauteuil sur lequel madame de Gastelar était attachée, il enleva le peigne qui retenait les longs cheveux noirs de la marquise, et saisissant fortement les tresses de ses cheveux il tint la tête de la patiente renversée sur le dos du fauteuil. Une pâleur livide était répandue sur ce visage si animé un **instant auparavant.**

— Charles! Charles! dit-elle encore avec l'accent du désespoir, souviens-toi que tu m'as aimée!... Mon Dieu! mon Dieu!... Pense que, toi aussi, tu as besoin qu'on te pardonne...

Pied-de-Fer, qui avait fait appel à toute son énergie, se sentit néanmoins vivement ému; ce fut d'une main tremblante qu'il introduisit le stylet dans la fiole remplie d'acide sulfurique, et ce tremblement augmenta lorsqu'il étendit la main vers le visage de la patiente, de sorte que la goutte d'acide qui perlait à l'extrémité du stylet, s'en détacha, et tomba sur le front de la marquise. Le cri que lui arracha la douleur fut tellement aigu, perçant, qu'il fit cesser le sommeil léthargique d'Adrien.

— Qu'est-ce donc? dit-il en ouvrant les yeux et promenant autour de lui des regards étonnés.

— Adrien! mon ange bien-aimé, sauve-moi! s'écria madame de Gastelar, à laquelle la voix du jeune homme venait de rendre quelque espoir.

Adrien s'élança vers la marquise ; mais à peine eut-il fait deux pas qu'il se trouva face à face avec Pied-de-Fer.

— Mon père! dit-il en passant la main sur ses paupières encore lourdes, n'est-ce pas un rêve?

— Oui, c'est ton père, enfant, ton père qui est arrivé assez tôt pour te sauver, pour t'arracher aux griffes de ce démon.

— Adrien! cria de nouveau la marquise! ils vont me tuer... Sauve-moi! sauve-moi.

Le jeune homme, se dégageant des bras de Pied-de-Fer, arriva d'un bond près du fauteil sur le dossier duquel la tête de madame de Gastélar était toujours renversée; car Lambert n'avait pas lâché prise, et il attendait, calme, impassible, le dénouement de cette scène étrange, que venait compliquer le réveil d'Adrien.

— Que faites-vous! s'écria ce dernier?

— Monseigneur, répondit Lambert avec ce sang-froid qui ne l'abandonnait jamais, j'obéis à celui qui vous a fait prince, et je l'aide à sauver votre altesse.

— Oui, enfant, reprit Pied-de-Fer en venant se placer devant le jeune homme; je te sauve en mettant dans l'impossibilité de nuire cet exécrable démon. Tu ne sais presque rien de la vie de cette femme. Écoute : à quinze ans, elle était la maîtresse d'un chef de bandits; je l'ai vue aider à égorger des vieillards dont les filles étaient en même temps violées par ses complices. Devenue la femme du bandit qui l'avait eue pour maîtresse, elle le fit assassiner par un homme dont elle avait fait son amant. Cet homme, c'était moi !... D'un mot, je pouvais la perdre, je me tus, et pendant que j'expiais au bagne son crime et le mien, elle épousait le marquis de Gastelar. Plus tard, au château de Souvrecœur, elle tenta de le séduire. Enfin, depuis, alors que je cherchais ta Régine bien-aimée, cette chère et tendre enfant, dont tu as juré de faire ta femme, cette infâme a successivement employé contre moi le fer et le poison ; elle m'a mis dans la nécessité de quitter Paris sans avoir vu Régine... Pauvre jeune fille ! elle est morte peut-être de la morsure de cette vipère.

Adrien sentait ses cheveux se hérisser ; la sueur ruisselait sur son visage ; il était haletant, et il demeurait immobile, doutant du témoignage de ses sens.

— Et sais-tu ce qu'elle allait faire de toi, reprit Pied-de-Fer, lorsque je suis arrivé comme par miracle pour lui arracher sa proie? Elle t'avait endormi, empoisonné peut-être, à l'aide d'un breuvage dont voici le reste; elle attendait sa voiture pour t'enlever... Ecoute! j'entends le fouet du postillon... Il n'emmènera qu'un monstre hideux, que nous lui livrerons pieds et poings liés...

— Adrien! cria la marquise, qui semblait reprendre ses forces, Adrien, serais-tu donc aussi un lâche... Ainsi, ils seront trois pour égorger une femme!

— Non, non, nous ne vous égorgerons pas, Satan, et vous le savez bien, triple Diable!

Puis, se tournant vers Adrien, il ajouta :

— Enfant, tu es riche, libre et noble ; quoi qu'il puisse arriver, je n'ai ni la volonté ni le pouvoir de révoquer ce qui a été fait... Eh! que m'importe l'avenir, si je dois voir s'évanouir mon plus beau rêve!... Choisis donc entre elle et moi, entre la femme qui n'a d'autre but que celui de te faire servir à ses plaisirs, et l'homme qui voudrait te voir le maître du monde.

Il sembla au jeune homme que ses yeux se dessillaient ; il sentit la honte monter sur son front en songeant à la mollesse dans laquelle il avait vécu pendant ces derniers temps.

— Père, dit-il, j'ai failli être ingrat. Pardonnez-moi, et ne soyez pas sans pitié pour elle.

— Regarde ! regarde, cria la marquise.

Et comme Lambert venait de quitter sa chevelure, elle pencha la tête en avant, et montra à Adrien son front que la goutte d'acide avait sillonné aussi profondément que l'eût fait un fer rouge.

— Ils veulent me défigurer, reprit-elle ; ils veulent que je devienne un objet d'horreur..... Adrien, fais qu'ils me tuent, et mon dernier soupir sera pour toi !

— Père, dit le jeune homme, mes yeux viennent de s'ouvrir à la lumière : je hais ma faiblesse, je veux venger Régine, dont nulle autre ne saurait occuper la place dans mon cœur ; mais cette ennemie que vous semblez tant redouter n'est qu'une femme...

— Dis donc une furie qu'il faut empêcher de nuire.

— Soit; mais pour cela est-il donc si nécessaire que vous vous métamorphosiez en valet d'exécuteur des hautes-œuvres?.. N'avez-vous pas des amis puissants disposés à faire tout ce que vous voudrez?

Ces dernières paroles décidèrent du sort de madame de Gastelar, Pied-de-Fer s'avança vers elle et lui délia les mains.

— Lambert, dit-il en se tournant vers son ami, descends et renvoie cette voiture qui vient de s'arrêter à la grille, sans répondre aux questions que l'on pourra te faire; donne en même temps des ordres pour que l'on aille chercher nos chevaux où nous les avons laissés... Quant à vous, madame, vous allez, ici même, écrire vos confessions sans en rien omettre... Au besoin, ma mémoire viendra en aide à la vôtre; vous terminerez cet écrit en demandant pardon à Dieu et aux hommes des crimes que vous avez commis. Cela fait, je vous conduirai moi-même à Florence ; je vous garantis la vie sauve, et vous conserverez votre beauté. Pour tout le reste point de conditions... Je vous donne deux minutes pour réfléchir.

Il tira sa montre qu'il déposa sur la table, et il s'arma de nouveau de sa terrible fiole et du stilet, puis il fit quelques pas afin de prendre dans un secrétaire ce qu'il fallait pour écrire.

— Ah ! dit à demi-voix la marquise en jetant à Adrien un de ces regards de flamme dont elle avait tant de fois éprouvé la puissance, moi, qui te croyais un demi dieu !

Le jeune homme se rapprocha d'elle ; il était dans un état affreux ; ses tempes battaient avec violence ; il lui semblait que son crâne allait faire explosion. Heureusement Pied-de-Fer revint aussitôt près de la table, et devinant ce qui se passait dans le cœur de son fils adoptif, il dit d'une voix empreinte à la fois de colère et de douleur :

— Enfant, l'heure est venue de choisir entre l'ange qui t'attend et le monstre qui te poursuit.

— A toi! à toi, ma Régine! s'écria Adrien en s'arrachant par un violent effort à la séduction qui l'enlaçait de nouveau.

— Ecrivez donc, madame, reprit Pied-de-Fer. Point d'hésitation surtout, car j'ai ouï dire que la douleur avive la pensée, et, vous le voyez, je suis tout prêt à user de ce procédé.

Et il lui montrait la fiole d'acide dans lequel le stylet était plongé.

Il fallait obéir ; elle prit la plume et

commença à écrire rapidement. Pied-de-Fer ; qui se tenait derrière elle, lisait les phrases au fur et à mesure qu'elle les traçait, et de temps en temps il lui imposait des rectifications.

— Doucement, madame, disait-il ; vous oubliez que c'est vous qui avez si bien grillé les pieds du fermier *Queste*, dont vous parlez ici, que la peau en est tombée comme un bas... On vous nommait Rose à cette époque (1). Il y a dix sept ans de cela, et la rose a mûri... Vous oubliez encore que *Varennes*, l'ancien bourreau de Toulouse, vous a emportée jusque dans la forêt de Saint-Germain, alors que vous étiez ivre et que les gendarmes allaient vous saisir (2).

(1) Historique.

(2) Varennes, ancien bourreau de Toulouse, fut arrêté à Paris, dans la salle du conseil de guerre, le 19 ventôse an vij, au moment où, du milieu de l'auditoire

Et la malheureuse femme écrivait, arrosant de sueur et de larmes de rage le papier dépositaire de ses terribles confidences. Le jour était venu depuis longtemps, et elle écrivait encore. Lambert étant revenu, Pied-de-Fer lui confia la garde de la prisonnière, et il courut lui-même à Florence, d'où il revint vers le milieu du jour.

— Eh bien ! madame, dit-il en entrant dans la chambre qu'Adrien avait quittée, et où Lambert se tenait muet, froid, impassible.

— Ah ! Charles, répondit-elle en tournant vers lui son visage altéré par la veille, la crainte et la souffrance ; Charles, vous êtes bien impitoyable !

où il s'était placé, il faisait des signes d'intelligence aux accusés dont il avait été le complice. Il fut condamné à la peine de mort et exécuté.

Mais le feu de ses regards vint s'éteindre sur la physionomie pâle et froide de cet homme dont le cœur était depuis long-temps invulnérable.

— Vous avez écrit ? reprit-il de son ton le plus rude.

— Tout, Charles !... et les fautes de ma jeunesse, qui n'ont été des crimes que parce que la fatalité m'avait jetée parmi vous autres, démons insatiables, et mes fautes d'une autre époque, qui ne fussent point devenues des crimes, si vous n'étiez parvenu à faire parler l'amour plus haut que le devoir ; et d'autres encore qui trouveraient aisément leur excuse aux yeux de quiconque a un peu profondément exploré le cœur humain... Mais je n'ai point cherché d'excuses : vous avez exigé une abnégation entière, un sacrifice complet ; j'ai obéi. Lisez.

Il prit le cahier qu'elle lui présentait, le lut attentivement, le plia et le mit dans l'une de ses poches, puis il reprit avec un sang-froid effrayant :

— Madame, votre voiture est partie, mais la mienne nous attend. Il est vrai que l'itinéraire est changé : vous vouliez aller à Naples, et c'est à Florence que je vais vous conduire.

— Alors, dit-elle de sa voix la plus douce, vous pourriez vous dispenser de m'accompagner.

— M'en dispenser, mère du diable....! me croyez-vous en démence ?... Levez-vous, madame, et faites un adieu solennel à toutes les joies de ce monde.

— Mon Dieu! mon Dieu! s'écria-t-elle en tombant à genoux.

Pied-de-Fer fit un signe à Lambert ; tous deux en même temps saisirent cette femme et l'emportèrent jusqu'à la voiture qui attendait. Une heure après, cette voiture s'arrêtait devant un sombre portail, à l'extrémité d'un des faubourgs de Florence. Lambert mit pied à terre et agita le cordon d'une sonnette ; la porte s'ouvrit, et la voiture traversa une première cour assez spacieuse ; puis elle entra dans une autre plus petite, pavée de pierres de lave, dans les interstices desquelles se montraient de petites touffes d'herbe menue et jaunâtre. La voiture s'arrêta devant un perron de granit garni d'une rampe de fer rongée par le temps. Pied-de-Fer sortit de la voiture, gravit les marches et frappa à une porte basse, garnie d'un guichet de fer qui s'ouvrit, et à travers lequel il parlementa un instant, puis il revint à la voiture, et montrant à la marquise la porte qui s'ouvrait :

— Madame, lui dit-il, c'est vous que l'on attend.

— Grand Dieu ! suis-je donc prisonnière ?

— Madame, répondit-il en tirant de sa poche un ordre ministériel qu'il présenta à la supérieure, vous êtes dès ce moment une *fille repentie* pour laquelle les portes de l'éternité viennent de s'ouvrir. Allez donc, et que le ciel vous fasse miséricorde !

Deux sœurs converses, qui accompagnaient la supérieure, vinrent prendre sous les bras la marquise qui se sentait défaillir, et lui firent franchir le seuil de la porte, qui se referma aussitôt.

— Oh ! c'est maintenant que je suis fort, se disait Pied-de-Fer en retournant à la villa Mafiolini. Arrière ! craintes et chagrins, l'avenir est à nous !

TABLE

DES

CHAPITRES DU TOME SECOND.

—

		Page.
Chap. I	Séduction . . , ...	5
— II	Le droit du plus fort	31
— III	Demi-Confidence	57
— IV	Les enfants du feu	87
— V	Aux bords de l'Arno	117
— VI	Recherches . . . , ...	135
— VII	Deux amours	189
— VIII	Un sauveur	219
— IX	A quoi servent les philantropes . . .	257
— X	Deux ennemis en présence	311

FIN DE LA TABLE.

LE MARCKGRAVE DES CLAIRES,
Par C. H. CASTILLE.

LE CAFARD,
Par Maximilien PERRIN.

LES CHAUFFEURS DU NORD,
SOUVENIRS DE 1796 A 1798,
Par VIDOCQ.

LE BACHELIER DE PARIS,
Par Michel MASSON et Maurice ALHOY.

VOYAGE ET AVENTURES DE BOB L'ARCHANGE
Par J. ARAGO.

LE COMPLICE,
Par DINOCOURT.

ENTRE DEUX AMOURS,
Par J. DESNOIRESTERRES.

LIDA,
Poëme, par Victor MANGIN.

Imp. de P. Baudouin, rue des Bouch. St-Germ., 38.

www.ingramcontent.com/pod-product-compliance
Lightning Source LLC
Chambersburg PA
CBHW070844170426
43202CB00012B/1932